해석이 쉬워진다!
노베이스도 혼자 끝내는 **영어 직독직해**

시원스쿨 구문 독해

시원스쿨 구문독해

초판 1쇄 발행 2023년 9월 11일

지은이 켈리 · 시원스쿨어학연구소
펴낸곳 (주)에스제이더블유인터내셔널
펴낸이 양홍걸 이시원

홈페이지 www.siwonschool.com
주소 서울시 영등포구 국회대로74길 12 시원스쿨
교재 구입 문의 02)2014-8151
고객센터 02)6409-0878

ISBN 979-11-6150-764-4 13740
Number 1-110704-18180421-08

머리말

"선생님, 왜 아는 영어 단어만 있는 문장인데도 해석을 못하는 걸까요?"

단어를 열심히 외우면 영어를 잘 할 수 있다는 조언에 따라서 열심히 단어를 외웠는데, 아는 단어만 있는 문장도 해석하기가 어렵다는 한탄을 종종 듣습니다. 「시원스쿨 구문독해」는 그러한 학습자들의 고민을 해결해주기 위해 탄생한 책입니다.

해석이 쉬워지는 마법의 해석 공식을 이 책 한 권에 담았습니다.

영어는 단어가 결합되는 순서부터 배열되는 순서까지 모든 것이 한국어와 다릅니다. 그렇기 때문에 단어를 암기했다면, 이 단어를 확장시켜 단어 덩어리 단위로, 그리고 덩어리와 덩어리를 붙인 더 큰 단위로 해석하는 훈련이 필요합니다. 노베이스(No base) 수준의 영어 학습자도 이 책을 쉽게 이해할 수 있도록 차근차근 알려드리겠습니다. Unit을 하나씩 끝낼 때마다 어느덧 긴 문장도 막힘없이 해석하고 있는 자신의 모습을 발견하게 될 것입니다.

영어 문장의 해석을 넘어서 내 삶의 지평을 넓히는 힘까지

전 세계의 정보 중에서 한국어로 된 정보와 영어로 된 정보 중에서 어떤 것이 더 많을까요? 유명 검색 사이트에서 같은 정보를 한국어와 영어로 검색해보면, 대부분 영어로 검색했을 경우 훨씬 더 많은 정보를 확인할 수 있을 것입니다. 해외의 최신 뉴스나 연구 결과 등과 같은 우리의 일상 생활에 영향을 미칠 수 있는 정보들은 영어로 먼저 쓰여진 후, 한국어 번역의 과정을 거치고 나서야 비로소 우리에게 전달됩니다. 하지만 여러분이 그러한 정보를 바로 읽고 이해할 수 있다면 어떨까요? 수많은 정보를 어떻게 처리하고 받아들이는지가 관건인 이 시대에서 새로운 지식과 통찰력을 얻게 될 것입니다. 뿐만 아니라 각종 영어시험을 준비하는 수험생도 각 시험 교재의 입문서조차 가르쳐주지 않는 영어 문장의 기초 및 구문독해에 대한 학습을 통해 목표하는 점수를 달성할 수 있을 것입니다.

「시원스쿨 구문독해」가 나오기까지 많은 도움을 주신 시원스쿨어학연구소에 큰 감사를 드립니다. 긴 시간동안 기획과 집필을 함께 해준 연구원님들의 노고 덕분에 이 책이 나올 수 있었습니다.

「시원스쿨 구문독해」를 통해서 여러분들이 영어 구문독해에 대한 실력과 자신감을 모두 얻기를 기원합니다.

켈리 드림

목차

본서

워크북

정답 및 해석 [별책]

미니북

본서 및 워크북 수록 단어 리스트 & 단어 시험지

시원스쿨랩 홈페이지 lab.siwonschool.com

- 보너스 <복습 POINT> 자료(PDF)
- 저자 직강 강의

무료 강의

- <구문독해 미리보기> QR 특강(본서 p.11)

왜 「시원스쿨 구문독해」인가?

1. 이 책 한 권으로 기초 구문독해부터 모든 영어시험까지 대비

▸ 전 예문을 토익, 지텔프, 토플, 텝스, 아이엘츠, 편입, 공무원, 수능 시험 등에서 발췌 및 변형하여 모든 영어시험을 대비할 수 있습니다.

▸ 시험에 나오지 않는 기초적인 문장이 아닌 실제 시험에 출제된 문장을 변형하여 수록했기 때문에 실전 독해력을 키울 수 있습니다.

2. 노베이스도 혼자 끝낼 수 있는 영어 직독직해

▸ 영어 실력이 '노베이스(No base)' 수준이라도 부담 없이 학습할 수 있도록 15개 Unit으로 구성하였습니다.

▸ [이론 학습 → 구문 분석 연습]의 2단계 학습 단계로 쉽고 빠르게 직독직해를 연습할 수 있습니다.

▸ [구문 분석 연습]에 쓰인 단어의 뜻을 모두 제공하여 단어의 뜻을 알지 못해도 구문 분석만 집중적으로 학습할 수 있습니다.

▸ 귀여운 일러스트로 어려워 보이는 예문도 쉽고 재미있게 이해할 수 있습니다.

3. 전 예문 구문 분석을 제공하는 친절한 해설서

▸ 수록된 예문 속 구문을 상세히 분석하여 혼자서도 학습할 수 있도록 하였습니다.

▸ 본서의 [구문 분석 연습]과 워크북의 문제 페이지를 해설서에 그대로 옮겨 해설서만으로도 학습이 가능하도록 하였습니다.

4. 실제 시험 대비를 위한 워크북(심화 연습 문제) 수록

▸ 실제 시험에 출제된 기출문제를 변형한 연습문제로 구성된 워크북을 본서 뒤에 수록하여 배운 이론을 실제 시험 환경에서 바로 적용해 볼 수 있습니다.

▸ 문단 단위의 지문을 통해 구문독해와 영어시험 문제를 동시에 학습할 수 있습니다.

5. 구문독해 기초를 위한 저자 QR특강 무료제공

▸ 본서 학습 전, 구문독해 기초를 확실히 다지기 위한 <구문독해 미리보기> QR특강을 무료로 제공합니다.

▸ 도서 내의 QR코드를 스캔하면 저자 켈리 선생님만의 노하우가 머리에 쏙쏙 들어오는 특강을 수강할 수 있습니다.

6. 노베이스 전문! 저자 직강 강의 제공(유료)

▸ 노베이스 & 왕초보 전문! 영어 강의 경력 10년 이상의 켈리 선생님이 주어 - 동사 찾기부터 길고 복잡한 문장의 분석까지 자세히 안내합니다.

▸ 인강 수강 시, 워크북 해설강의를 무료로 수강할 수 있습니다.(총 15강)

7. 켈리쌤 PICK! 보너스 복습 자료 무료제공(PDF)

▸ 저자 켈리 선생님이 직접 엄선한, 각 Unit에서 꼭 복습하고 넘어가야 할 포인트들을 모아 무료로 제공합니다.

▸ <복습 POINT> 자료는 시원스쿨랩(lab.siwonschool.com)에서 무료로 다운로드할 수 있습니다.

8. 독해력 향상을 위한 단어 리스트 & 단어 시험지(미니북) 제공

▸ 본서 및 워크북에 수록된 단어들 중 빠르고 정확한 독해를 위해 Unit별로 꼭 암기해야 하는 어휘만 정리한 단어장을 제공합니다.

▸ 휴대가 간편한 미니북 형태로 되어 있어, 언제 어디서나 들고 다니면서 단어를 암기할 수 있습니다.

▸ 단어 암기 후, 나의 어휘력을 바로 확인해 볼 수 있도록 단어 리스트 뒤에 단어 시험지도 함께 제공합니다.

이 책의 구성과 특징

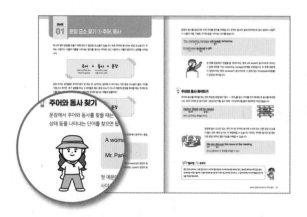

아기자기한 일러스트로 이해도 UP

아기자기한 일러스트를 삽입하여 쉽고 재미있게 학습할
수 있도록 하였습니다. 어려워 보이는 내용도 쉽게 이해
할 수 있도록 도와주고, 학습 내용을 오래 기억할 수 있
도록 해줍니다.

켈리쌤 구문 뽀개기

구문독해 시, 반드시 알아야 할 포인트를 한 번 더 확인
시켜주고, 유용한 학습법까지 추천해드립니다. 「시원스
쿨 구문독해」 인강에서는 저자 켈리쌤의 더 많은 상세한
꿀팁을 확인할 수 있습니다.

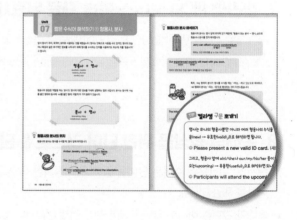

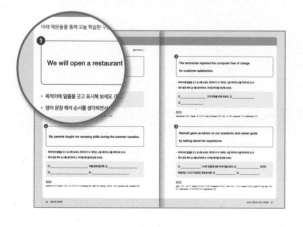

구문 분석 연습

연습 문제를 통해 앞서 배웠던 구문독해 이론을 완벽히
체득할 수 있도록 하였습니다. 학습자 스스로 문장의 구
조를 파악하는 능력을 기를 수 있습니다.

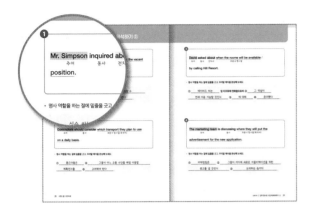

독학이 가능한 해설서

본서와 워크북 지면을 그대로 옮겨 문제의 정답을 바로 확인하기 쉽고, 전문가의 구문 분석과 해석 과정을 따라 함으로써 가장 빠르고 정확하게 문장을 해석하는 직관력을 기를 수 있습니다.

심화 구문독해 연습을 위한 워크북

워크북 학습을 통해 기본적인 학습 내용에서 더 나아가, 심화 구문독해 능력을 키울 수 있습니다. 실제 여러 영어 시험의 기출변형 지문을 수록하여 심화 구문독해와 문제 풀이까지 연습할 수 있습니다. 실전 독해 능력을 키우고자 하는 학습자들이 필수적으로 학습해야 할 부분입니다.

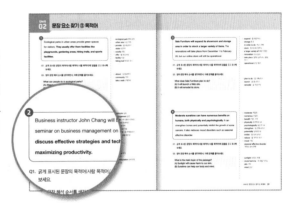

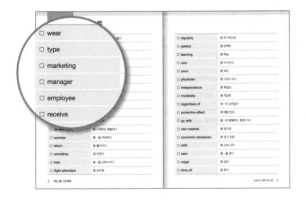

본서 & 워크북
수록 단어 리스트와 단어 시험지

본서와 워크북에 수록된 단어들 중에서 중요한 단어들만 선별하였습니다. Unit별로 쉽고 빠른 문장 해석을 위해 꼭 알아야 하는 단어들을 암기한 다음, 바로 뒤에 있는 단어 시험지로 확실히 암기했는지를 점검할 수 있습니다.

구문독해 미리보기

영어 문장은 어떻게 만들어지나요?

문장은 여러 형식으로 쓰일 수 있지만, 가장 많이 쓰이는 문장 구조만 알고 있으면 대부분의 문장을 해석할 수 있습니다. 「주어 + 동사 + 목적어」 또는 「주어 + 동사 + 보어」 구조가 가장 많이 쓰이며, 각각의 주어, 동사, 목적어, 보어 자리에 단어, 구, 절이 들어갈 수 있습니다. 이 기본 구조를 통해 문장에 대한 개념을 익히고, 각 문장 성분을 구별할 수 있다면 문장 해석이 훨씬 쉬워집니다.

문장에서 자주 쓰이는 단어는 어떤 것이 있나요?

문장에서 자주 쓰이는 단어의 종류로는 명사, 동사, 형용사, 부사가 있습니다. 다른 단어들도 영어 문장에서 쓰이지만, 이 네 가지를 중심으로 문장이 주로 구성되기 때문에 각각의 특징만 잘 알고 있다면 문장 요소를 더욱 쉽게 구별할 수 있습니다.

• 명사

▸ 명사는 사물, 사람, 추상적인 개념, 존재 등의 이름을 나타내는 단어입니다.

▸ 명사는 셀 수 있는 명사와 셀 수 없는 명사로 나뉠 수 있습니다.

▸ 셀 수 있는 명사는 하나의 명사를 나타낼 수도, 두 개 이상의 명사를 나타낼 수도 있습니다.

▸ 영어 문장에서 명사는 주어, 목적어, 보어의 자리에 쓰일 수 있습니다.

• 동사

▸ 동사는 사람이나 사물의 동작 또는 상태를 나타내는 단어입니다.

▸ 동사는 행동을 나타내기 때문에, 주로 '~하다'라고 해석됩니다.

▸ '생각하다', '상상하다', '덥다'처럼 우리 머리 속에서 일어나거나 몸으로 느낄 수 있는 것들도 모두 동사로 표현할 수 있습니다.

▸ 영어 문장에서 동사는 주어 뒤에 위치해 주어의 동작 또는 상태를 나타낼 수 있습니다.

• 형용사

▶ 형용사는 주로 명사의 생긴 모습이나 상태, 특징 등을 설명하는 단어입니다.

▶ 영어 문장에서 형용사는 주로 명사 앞에 위치해 명사를 자세히 설명합니다.

▶ 형용사는 동사 뒤의 보어 자리에도 쓰일 수 있습니다.

▶ 형용사가 명사를 수식할 때는 추가적으로 설명을 하는 역할이기 때문에 문장에 반드시 있어야 하는 단어는 아닙니다.

• 부사

▶ 부사는 주로 동사나 형용사의 동작이나 상태, 빈도 등을 구체적으로 설명하는 단어입니다.

▶ 영어 문장에서 부사는 동사의 앞 또는 뒤에 위치하여 동사에 대한 추가적인 정보를 나타냅니다.

▶ 부사는 또한 형용사의 앞에 위치하여 형용사에 관한 구체적인 정보를 나타냅니다.

▶ 부사는 추가적으로 설명을 하는 단어이기 때문에 문장에 반드시 필요한 단어는 아닙니다.

구는 무엇인가요?

구는 앞서 배운 단어보다는 큰 덩어리로, 2개 이상의 단어가 모인 것입니다. 구는 주어와 동사를 포함하지 않고, 문장 내에서 쓰이는 역할에 따라 명사구, 형용사구, 부사구로 나뉩니다.

• 명사구

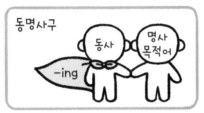

▸ 2단어 이상이 모인 단어 덩어리가 명사처럼 쓰일 때 명사구라고 합니다.

▸ 영어 문장에서 명사구는 명사의 역할을 하기 때문에 주어, 목적어, 보어 자리에 쓰일 수 있습니다.

• 형용사구

▸ 영어 문장에서 형용사구는 형용사의 역할을 합니다.

▸ 형용사구는 명사를 뒤에서 꾸며주는 수식어구입니다.

▸ 대표적인 형용사구는 to부정사구, -ing 분사구, -ed 분사구, 전치사구(전치사 + 명사)가 있습니다.

• 부사구

▸ 영어 문장에서 부사구는 부사의 역할을 합니다.

▸ 부사구는 문장 전체를 앞 또는 뒤에서 꾸며주는 수식어구입니다.

▸ 대표적인 부사구는 to부정사구와 전치사구(전치사 + 명사)가 있습니다.

절은 무엇인가요?

절도 구처럼 2개 이상의 단어가 모인 것입니다. 다만, 절은 그 2개의 단어가 주어와 동사라는 것이 구와의 차이점입니다. 구와 마찬가지로, 절도 문장 내에서 쓰이는 역할에 따라 명사절, 형용사절, 부사절로 나뉩니다.

• 명사절

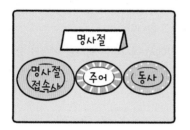

▶ 영어 문장에서 명사절은 명사의 역할을 하기 때문에 주어, 목적어, 보어 자리에 쓰일 수 있습니다.

▶ 주어와 동사를 포함한 절 앞에 문장 내의 다른 요소와 연결시키는 접착제인 명사절 접속사를 둡니다.

▶ 대표적인 명사절 접속사는 whether, if, that이 있습니다.

• 형용사절

▶ 영어 문장에서 형용사절은 형용사의 역할을 하기 때문에 명사를 꾸며줍니다.

▶ 형용사절은 주어와 동사를 포함하고 있어 길이가 길기 때문에 명사 뒤에 위치하며, 이때 절 앞에 문장 내의 다른 요소와 연결시키는 접착제인 형용사절 접속사가 필요합니다.

▶ 대표적인 형용사절 접속사는 who, which, that, whose, whom이 있습니다.

• 부사절

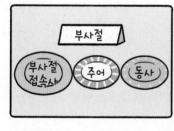

▶ 영어 문장에서 부사절은 부사의 역할을 하기 때문에 문장 전체를 꾸며줍니다.

▶ 부사절도 주어와 동사를 포함한 절 앞에 문장 내의 다른 요소와 연결시키는 접착제인 부사절 접속사가 있어야 합니다.

▶ 대표적인 부사절 접속사는 although, when, because가 있습니다.

문장은 무엇인가요?

그렇다면 우리가 앞에서 계속 말해왔던 문장은 무엇일까요? 문장도 절과 동일하게 주어와 동사를 포함하는 형태를 가지지만, 문장의 역할은 절이 하는 역할과 조금 다릅니다. 절은 문장 내에서 하나의 구성 성분으로서, 명사나 형용사, 또는 부사의 역할을 하는 반면에, 문장은 필요한 구성 성분을 모두 갖추고 마침표 등의 문장 부호를 통해 완전한 의미를 나타냅니다.

• 문장

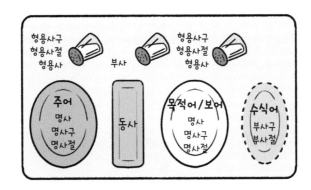

▶ 문장은 기본적으로 주어와 동사로 구성되어 있고, 동사에 따라 필요한 목적어나 보어 등을 추가로 갖추기도 합니다.

▶ 문장 내에 포함된 각 성분을 꾸며줄 수 있는 수식어(구)들도 들어갈 수 있습니다.

▶ 한 문장 안에 주어와 동사로 구성된 절이 두 개 이상 올 수 있습니다. 이때 절과 절을 연결해 줄 접속사가 꼭 필요합니다.

학습 플랜

▶ 아래의 학습 진도를 참조하여 매일 학습합니다.

▶ 해당일의 학습을 하지 못했더라도 이전으로 돌아가지 말고 오늘에 해당하는 학습을 하세요. 그래야 끝까지 완주할 수 있습니다.

▶ 본서의 학습을 마치면 본서 뒤에 수록된 워크북 학습을 추천합니다. 실제 영어 시험에 출제된 지문을 변형한 문제로, 심화 구문독해 연습을 통해 영어 시험 대비도 할 수 있어요.

▶ 교재를 끝까지 한 번 보고 나면 해설서를 이용해 2회독에 도전합니다. 두 번째 볼 때는 훨씬 빠르게 끝낼 수 있어요.

• 15일 완성 학습 플랜

DAY 01 월 일	DAY 02 월 일	DAY 03 월 일	DAY 04 월 일	DAY 05 월 일
Unit 01	Unit 02	Unit 03	Unit 04	Unit 05
□ 이론 □ 구문 분석 연습 □ 워크북(심화 학습)	□ 이론 □ 구문 분석 연습 □ 워크북(심화 학습)	□ 이론 □ 구문 분석 연습 □ 워크북(심화 학습)	□ 이론 □ 구문 분석 연습 □ 워크북(심화 학습)	□ 이론 □ 구문 분석 연습 □ 워크북(심화 학습)
DAY 06 월 일	DAY 07 월 일	DAY 08 월 일	DAY 09 월 일	DAY 10 월 일
Unit 06	Unit 07	Unit 08	Unit 09	Unit 10
□ 이론 □ 구문 분석 연습 □ 워크북(심화 학습)	□ 이론 □ 구문 분석 연습 □ 워크북(심화 학습)	□ 이론 □ 구문 분석 연습 □ 워크북(심화 학습)	□ 이론 □ 구문 분석 연습 □ 워크북(심화 학습)	□ 이론 □ 구문 분석 연습 □ 워크북(심화 학습)
DAY 11 월 일	DAY 12 월 일	DAY 13 월 일	DAY 14 월 일	DAY 15 월 일
Unit 11	Unit 12	Unit 13	Unit 14	Unit 15
□ 이론 □ 구문 분석 연습 □ 워크북(심화 학습)	□ 이론 □ 구문 분석 연습 □ 워크북(심화 학습)	□ 이론 □ 구문 분석 연습 □ 워크북(심화 학습)	□ 이론 □ 구문 분석 연습 □ 워크북(심화 학습)	□ 이론 □ 구문 분석 연습 □ 워크북(심화 학습)

• 강의 연계 학습 플랜

DAY 01	DAY 02	DAY 03	DAY 04	DAY 05
월 일	월 일	월 일	월 일	월 일
교재 Unit 01	교재 Unit 02	교재 Unit 03	교재 Unit 04	교재 Unit 05
□ 이론 □ 구문 분석 연습 □ 워크북(심화 학습)	□ 이론 □ 구문 분석 연습 □ 워크북(심화 학습)	□ 이론 □ 구문 분석 연습 □ 워크북(심화 학습)	□ 이론 □ 구문 분석 연습 □ 워크북(심화 학습)	□ 이론 □ 구문 분석 연습 □ 워크북(심화 학습)
강의	강의	강의	강의	강의
□ OT □ 이론 1강 □ 구문 분석 연습 2강 □ 워크북 31강 　(심화 학습)	□ 이론 3강 □ 구문 분석 연습 4강 □ 워크북 32강 　(심화 학습)	□ 이론 5강 □ 구문 분석 연습 6강 □ 워크북 33강 　(심화 학습)	□ 이론 7강 □ 구문 분석 연습 8강 □ 워크북 34강 　(심화 학습)	□ 이론 9강 □ 구문 분석 연습 10강 □ 워크북 35강 　(심화 학습)

DAY 06	DAY 07	DAY 08	DAY 09	DAY 10
월 일	월 일	월 일	월 일	월 일
교재 Unit 06	교재 Unit 07	교재 Unit 08	교재 Unit 09	교재 Unit 10
□ 이론 □ 구문 분석 연습 □ 워크북(심화 학습)	□ 이론 □ 구문 분석 연습 □ 워크북(심화 학습)	□ 이론 □ 구문 분석 연습 □ 워크북(심화 학습)	□ 이론 □ 구문 분석 연습 □ 워크북(심화 학습)	□ 이론 □ 구문 분석 연습 □ 워크북(심화 학습)
강의	강의	강의	강의	강의
□ 이론 11강 □ 구문 분석 연습 12강 □ 워크북 36강 　(심화 학습)	□ 이론 13강 □ 구문 분석 연습 14강 □ 워크북 37강 　(심화 학습)	□ 이론 15강 □ 구문 분석 연습 16강 □ 워크북 38강 　(심화 학습)	□ 이론 17강 □ 구문 분석 연습 18강 □ 워크북 39강 　(심화 학습)	□ 이론 19강 □ 구문 분석 연습 20강 □ 워크북 40강 　(심화 학습)

DAY 11	DAY 12	DAY 13	DAY 14	DAY 15
월 일	월 일	월 일	월 일	월 일
교재 Unit 11	교재 Unit 12	교재 Unit 13	교재 Unit 14	교재 Unit 15
□ 이론 □ 구문 분석 연습 □ 워크북(심화 학습)	□ 이론 □ 구문 분석 연습 □ 워크북(심화 학습)	□ 이론 □ 구문 분석 연습 □ 워크북(심화 학습)	□ 이론 □ 구문 분석 연습 □ 워크북(심화 학습)	□ 이론 □ 구문 분석 연습 □ 워크북(심화 학습)
강의	강의	강의	강의	강의
□ 이론 21강 □ 구문 분석 연습 22강 □ 워크북 41강 　(심화 학습)	□ 이론 23강 □ 구문 분석 연습 24강 □ 워크북 42강 　(심화 학습)	□ 이론 25강 □ 구문 분석 연습 26강 □ 워크북 43강 　(심화 학습)	□ 이론 27강 □ 구문 분석 연습 28강 □ 워크북 44강 　(심화 학습)	□ 이론 29강 □ 구문 분석 연습 30강 □ 워크북 45강 　(심화 학습)

시원스쿨

구문
독해

본서

하나의 영어 문장을 만들기 위해 반드시 필요한 요소들이 있습니다. 바로 주어와 동사라는 문장 요소입니다. 주어는 사람이나 사물의 이름을 나타내는 명사를, 동사는 주어로 쓰인 사람이나 사물의 동작이나 상태를 나타냅니다.

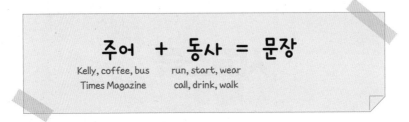

주어 + 동사 = 문장

Kelly, coffee, bus   run, start, wear
Times Magazine   call, drink, walk

실제 쓰이는 문장들은 주어와 동사 앞 또는 뒤, 심지어는 앞뒤에 수식어 또는 다른 문장 요소들이 붙은 구조를 가집니다. 하지만, 추가 설명을 하는 수식어들은 필수 문장 요소가 아니기 때문에 문장을 해석할 때는 주어와 동사를 찾는 것이 가장 중요합니다. 그렇다면 주어와 동사는 어떻게 찾을까요?

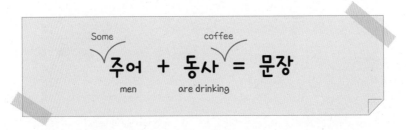

Some   coffee
주어 + 동사 = 문장
men   are drinking

 ### 주어와 동사 찾기

문장에서 주어와 동사를 찾을 때는 동사를 먼저 찾아야 하는데, 동사를 찾기 위해서는 문장에서 동작이나 행동, 상태 등을 나타내는 단어를 찾으면 됩니다.

A woman <u>is wearing</u> a hat.
　　　　　　동사

Mr. Park <u>typed</u> on a keyboard.
　　　　　동사

첫 예문에서 '(모자를) 쓰고 있다'라는 뜻의 상태를 나타내는 is wearing이 문장의 동사이고, 다음 예문에서는 '타자를 쳤다'라는 뜻의 동작을 나타내는 typed가 문장의 동사입니다.

문장의 동사를 찾았다면, 이제 주어를 찾아볼 차례입니다. 주어는 동사의 앞에 위치하므로 동사 앞에서 사람이나 사물의 이름, 기업명, 국가명 등을 나타내는 단어를 찾습니다.

The marketing manager will speak tomorrow.
　　　　　주어　　　　　　　　　동사

Employees received a gift.
　　주어　　　동사

첫 번째 문장에서 '연설을 할 것이다'라는 뜻의 will speak이 동사이므로 주어는 그 앞에 위치한 The marketing manager(마케팅 부장)입니다. 두 번째 예문에서 '받았다'라는 뜻의 received가 동사이므로 그 앞에 있는 Employees(직원들)가 문장의 주어입니다.

주어와 동사 해석하기

주어와 동사를 해석할 때는 먼저 학습한 방법대로 「동사 → 주어」를 찾고, 주어를 먼저 해석한 후 동사를 해석합니다. 주어 자리에 온 명사 뒤에 '~은/는/이/가'를, 동사 뒤에 '~이다/하다'를 붙여 해석하면 자연스럽습니다.

Harbor Street will be closed.
　　①주어　　　　②동사
하버 스트리트는 폐쇄될 것이다.

문장에 필수 요소만 있는 것이 아니라 주어와 동사에 수식어 또는 다른 문장 요소들이 붙는 경우, 해석 순서는 더 복잡해질 수 있습니다. 하지만, 주어와 동사만 잘 찾는다면 문장 의미의 절반 이상을 이해할 수 있습니다.

We can discuss this issue at the meeting.
주어　　　동사
우리는 회의에서 이 문제를 논의할 수 있다.

TIP 켈리쌤 구문 뽀개기

문장 안에 수식어나 다른 문장 요소가 아무리 많이 있어도 주어와 동사를 제대로 찾고, 올바른 해석 순서만 알고 있다면 해석은 어렵지 않아요. 차분히 문장의 동사를 먼저 찾아 동그라미로 표시하고, 그 앞에 위치한 주어에 밑줄을 긋는 연습을 꾸준히 해보세요!

아래 예문들을 통해 오늘 학습한 구문독해를 연습해 보세요.   정답 및 해석 p. 2

1

> The sales report should be submitted by Friday.

• 주어와 동사에 밑줄을 긋고 표시해 보세요.

• 영어 문장 해석 순서를 생각하면서, 우리말 해석을 완성해 보세요.

① _____ 금요일까지 ② _____ .

어휘

sales 판매 report 보고서 should ~해야 하다 be submitted 제출되다 by ~까지 Friday 금요일

2

> Emma promised to return to France sometime.

• 주어와 동사에 밑줄을 긋고 표시해 보세요.

• 영어 문장 해석 순서를 생각하면서, 우리말 해석을 완성해 보세요.

① _____ 언젠가 프랑스로 돌아올 것을 ② _____ .

어휘

promise ~을 약속하다 return 돌아오다 to ~(으)로 sometime 언젠가

3

ABC Airlines trains their flight attendants regularly

for perfect service.

• 주어와 동사에 밑줄을 긋고 표시해 보세요.

• 영어 문장 해석 순서를 생각하면서, 우리말 해석을 완성해 보세요.

① _____ 완벽한 서비스를 위해 주기적으로 그들의 승무원들을

② _____ .

어휘

airlines 항공사 train ~을 교육시키다 flight attendant 승무원 regularly 주기적으로 for ~을 위해 perfect 완벽한

4

Online learning helps students to learn at their own pace

and in their own time.

• 주어와 동사에 밑줄을 긋고 표시해 보세요.

• 영어 문장 해석 순서를 생각하면서, 우리말 해석을 완성해 보세요.

① _____ 학생들이 자신만의 속도와 자신만의 시간에 학습할 수 있도록

② _____ .

어휘

learning 학습 help 도움을 주다 student 학생 learn ~을 학습하다 at (시간, 장소 등) ~에 own 자신만의 pace 속도 and ~와/과, 그리고 in (시간, 장소 등) ~에 time 시간

문장의 주어와 동사를 찾았다면, 이제 목적어를 찾아봐야 합니다. 목적어는 대부분의 동사가 반드시 필요로 하는 요소인데, 그 이유는 동사가 나타내는 행위의 대상이 목적어이기 때문입니다.

주어 + 동사 + 목적어 = 문장

proposal, education
receipt, question

예를 들어, I give a coupon.이라는 예문에서 '주다'라는 행위를 나타내는 give가 동사, 주어지는 사물인 coupon(쿠폰)은 목적어입니다.

또한, 목적어는 어떤 동작의 대상이 되어야 하므로 사람이나 사물의 이름을 나타내는 명사가 목적어의 역할을 할 수 있습니다. 그렇다면 문장에서 목적어는 어떻게 찾을까요?

목적어 찾기

문장에서 목적어를 찾기 위해서는 동사를 가장 먼저 찾아야 합니다. 그다음, 동사의 뒤에 위치한 명사를 찾습니다.

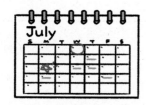

We <u>rescheduled</u> your <u>appointment</u> yesterday.
　　　동사　　　　　　　목적어

위 예문에서 '재조정했다'는 동작을 나타내는 rescheduled가 문장의 동사이고, 이 행위의 대상이 되는 '예약'이라는 뜻의 명사 appointment가 문장의 목적어입니다.

앞서 배운 주어와 동사처럼, 목적어도 앞 또는 뒤, 그리고 앞뒤 모두 수식어들이 붙을 수 있습니다. 하지만, 이들 모두 목적어를 추가적으로 설명해 줄 뿐, 문장을 해석하는 데 큰 역할을 하지 않으므로 신경 쓰지 않아도 됩니다.

모든 동사가 하나의 목적어만 가진다면 문장을 아주 쉽게 해석할 수 있겠지만, 영어에는 목적어를 두 개씩 가지는 동사들도 있습니다.

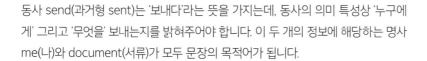

Mr. Gomez sent me a document.
　　　　　동사　목적어1　　목적어2

동사 send(과거형 sent)는 '보내다'라는 뜻을 가지는데, 동사의 의미 특성상 '누구에게' 그리고 '무엇을' 보내는지를 밝혀주어야 합니다. 이 두 개의 정보에 해당하는 명사 me(나)와 document(서류)가 모두 문장의 목적어가 됩니다.

 ## 목적어 해석하기

목적어는 목적어 자리에 위치한 명사의 뜻 뒤에 '~을/를'을 붙여 해석하고, 문장 내에서는 「주어 → 목적어 → 동사」 순으로 해석합니다.

This sandwich contains cheese.
　　① 주어　　　　③ 동사　　② 목적어
이 샌드위치는 치즈를 포함하고 있다.

만약 문장의 목적어가 두 개라면, 사람을 뜻하는 목적어에는 '~에게'를, 사물을 뜻하는 목적어에는 '~을/를'을 붙여서 해석합니다. 이때 전체 문장은 「주어 → 사람 목적어 → 사물 목적어 → 동사」 순으로 해석합니다.

A teacher can offer students online classes.
　① 주어　　　④ 동사　　② 사람 목적어　　③ 사물 목적어
선생님은 학생들에게 온라인 수업들을 제공할 수 있다.

 TIP 켈리쌤 구문 뽀개기

이번 Unit의 핵심 내용은 목적어를 1개 또는 2개 가지는 동사가 있다는 거예요. 목적어를 2개 가지는 동사는 사람 목적어와 사물 목적어를 둘 다 가지기 때문에 '~에게 …을 주다, 보여주다, 빌려주다, 가르쳐주다, 제공하다, 수여하다' 등의 뜻을 가지는 경우가 많습니다. 이러한 동사에는 give(주다), show(보여주다), lend(빌려주다), teach(가르쳐주다), offer(제공하다), award(수여하다) 등이 있답니다.

아래 예문들을 통해 오늘 학습한 구문독해를 연습해 보세요.   정답 및 해석 p. 4

❶

> We will open a restaurant this month in New York.

- 목적어에 밑줄을 긋고 표시해 보세요. (목적어가 두 개라면, 사람 목적어/사물 목적어로 표시)
- 영어 문장 해석 순서를 생각하면서, 우리말 해석을 완성해 보세요.

① _____ 이번 달에 뉴욕에서 ② _____

③ _____ .

어휘

will ~할 것이다 open ~을 열다, 개장하다 restaurant 식당 month 달, 월 in (장소) ~에서

❷

> My parents taught me camping skills during the summer vacation.

- 목적어에 밑줄을 긋고 표시해 보세요. (목적어가 두 개라면, 사람 목적어/사물 목적어로 표시)
- 영어 문장 해석 순서를 생각하면서, 우리말 해석을 완성해 보세요.

① _____ 여름 방학 동안에 ② _____

③ _____ ④ _____ .

어휘

parents 부모님 teach ~에게 …을 가르쳐 주다 camping 캠핑 skill 기술 during ~동안에, ~중에 summer 여름 vacation 방학

3

The technician repaired the computer free of charge

for customer satisfaction.

- 목적어에 밑줄을 긋고 표시해 보세요. (목적어가 두 개라면, 사람 목적어/사물 목적어로 표시)
- 영어 문장 해석 순서를 생각하면서, 우리말 해석을 완성해 보세요.

① _____ 고객 만족을 위해 무료로 ② _____

③ _____ .

어휘

technician 기술자 repair ~을 수리하다 free of charge 무료로 for ~을 위해 customer 고객 satisfaction 만족

4

Hannah gave us advice on our academic and career goals

by talking about her experience.

- 목적어에 밑줄을 긋고 표시해 보세요. (목적어가 두 개라면, 사람 목적어/사물 목적어로 표시)
- 영어 문장 해석 순서를 생각하면서, 우리말 해석을 완성해 보세요.

① _____ 그녀의 경험에 대해 이야기함으로써 ② _____ 우리의

학업적인 그리고 직업적인 목표에 대한 ③ _____ ④ _____ .

어휘

give ~에게 …을 주다 advice 조언 on ~에 대한 academic 학업적인 and 그리고, ~와/과 career 직업적인 goal 목표 by -ing ~함으로써 talk about ~에 대해 이야기하다 experience 경험

이번 Unit에서는 동사 뒤에 위치하는 또 다른 문장 요소인 보어를 배워보려고 합니다. 대부분의 동사는 뒤에 목적어를 필요로 하지만, 동사의 종류에 따라 '보어'라는 요소를 가져야 하는 동사들도 있습니다. 보어가 필요한 이유는 주어와 동사만으로 문장의 의미를 완벽하게 설명할 수 없기 때문입니다.

주어 + 동사 + (목적어) + 보어 = 문장

expensive, difficult
expert, David

예를 들어, The flight ticket became expensive.라는 예문에서 주어와 동사만 해석하면 '항공권이 ~되었다'라는 불완전한 의미가 됩니다. 따라서 동사 became 뒤에 주어의 상태나 특징에 대한 보충 설명을 하기 위해 형용사 expensive(비싼)가 보어로 쓰여야 합니다.

 보어 찾기

보어는 동사를 먼저 찾은 후, 동사 뒤에 있는 형용사나 명사를 찾으면 됩니다.

The novel's storyline is unoriginal.
　　　　　　　　　　　동사　　보어

위 예문에서 동사 is 뒤에 나온 형용사 unoriginal이 보어입니다. unoriginal은 '독창적이지 않은'이라는 뜻으로 주어인 The novel's storyline(소설의 줄거리)의 특징을 보충 설명해 주는 보어의 역할을 합니다.

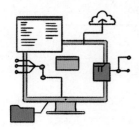

보어는 주어뿐만 아니라 목적어도 보충 설명할 수 있습니다. 아래 예문에서 보어인 명사 a success는 목적어 the software가 '성공작'이라고 설명하고 있습니다.

Mr. Lesley considered the software a success.
　　　　　　　　동사　　　　목적어　　　　보어

TIP 켈리쌤 구문 뽀개기

보어도 주어, 동사, 그리고 목적어처럼 앞 또는 뒤에 수식어들이 붙을 수 있지만, 이 수식어들은 문장의 핵심 내용을 해석하는 데 꼭 필요한 요소는 아니므로 단어의 뜻을 알지 못한다면 해석하지 않아도 됩니다. 한편, 대부분의 경우에 보어 자리에는 명사보다 형용사가 더 자주 사용됩니다.

동사 뒤에 목적어와 보어가 둘 다 올 수 있다면, 이 둘을 어떻게 구분할까요? 이 질문의 핵심은 바로 '동사'에 있습니다. 동사 뒤에 온 단어가 동사가 나타내는 행위의 대상이 된다면 '목적어'이며, 주어 또는 목적어의 상태 또는 특징을 설명한다면 '보어'입니다.

┌── scenery(풍경)는 기억하는 행위(remember)의 대상이므로 목적어

I remember the scenery clearly.
   동사   목적어

┌── popular(인기 있는)는 주어인 Diesel cars(디젤 자동차들)의 특징을 설명하므로 보어

Diesel cars have become popular with motorists.
        동사   보어

보어 해석하기

보어가 주어를 보충 설명한다면, 「주어 → 보어 → 동사」 순으로 해석합니다.

Short sentences are also powerful in writing.
  ① 주어   ③ 동사   ② 보어

짧은 문장들도 또한 글쓰기에서 강력하다.

하지만, 보어가 목적어에 대해 추가 설명을 한다면, 「주어 → 목적어 → 보어 → 동사」 순으로 해석합니다.

This newsletter keeps leaders informed about trends.
  ① 주어   ④ 동사   ② 목적어   ③ 보어

이 뉴스레터는 지도자들이 트렌드에 대해 알고 있도록 한다.

아래 예문들을 통해 오늘 학습한 구문독해를 연습해 보세요.　　　　　　정답 및 해석 p. 6

1

The activity seems perfect for young children.

- 보어에 밑줄을 긋고 표시해 보세요.

- 영어 문장 해석 순서를 생각하면서, 우리말 해석을 완성해 보세요.

① ＿＿＿＿＿＿＿＿＿＿ 아이들을 대상으로 ② ＿＿＿＿＿＿＿ ③ ＿＿＿＿＿＿＿ .

어휘

activity 활동　seem ~처럼 보이다　perfect 완벽한　for ~을 대상으로　young children 아이들

2

Consumers find the advertising design attractive.

- 보어에 밑줄을 긋고 표시해 보세요.

- 영어 문장 해석 순서를 생각하면서, 우리말 해석을 완성해 보세요.

① ＿＿＿＿＿＿＿＿ ② ＿＿＿＿＿＿＿＿＿＿＿＿＿＿
③ ＿＿＿＿＿＿＿＿＿＿＿＿ ④ ＿＿＿＿＿＿＿＿＿＿ .

어휘

consumer 소비자　find ~을 …라고 생각하다　advertising 광고　attractive 매력적인

3

The Dawson Bridge will remain closed until Saturday

for repairs.

- 보어에 밑줄을 긋고 표시해 보세요.

- 영어 문장 해석 순서를 생각하면서, 우리말 해석을 완성해 보세요.

① _____ 수리를 위해 토요일까지 ② _____

③ _____ .

어휘

bridge 다리 will ~일 것이다 remain (계속) ~한 상태이다 closed 폐쇄된 until ~까지 Saturday 토요일 for ~을 위해 repair 수리

4

Telecommunications companies are making WiFi internet

available everywhere.

- 보어에 밑줄을 긋고 표시해 보세요.

- 영어 문장 해석 순서를 생각하면서, 우리말 해석을 완성해 보세요.

① _____ 모든 곳에서 ② _____

③ _____ ④ _____ .

어휘

telecommunications company 통신회사 make ~을 …하도록 만들다 WiFi internet 무선 인터넷 available 이용 할 수 있는, 사용 가능한 everywhere 모든 곳에서

Unit
04 문장 요소 해석하기 ① 긴 주어

지금까지 주어 자리에 하나의 명사 또는 대명사가 들어가는 예문들을 보았습니다. 이번 Unit에서는 2개 이상의 단어로 구성된 덩어리가 주어 자리에 오는 경우에 대해 알아보겠습니다.

> **주어 + 동사 + 목적어/보어 = 문장**
>
> To confirm your reservation
> Arriving on time
> What I like most
> Who(m) you hire for the position

 긴 주어 찾기

문장에서 길이가 긴 주어 덩어리를 찾기 위해서는 먼저 동사를 찾아야 합니다. 문장의 동사를 찾고, 동사 앞에 위치한 덩어리를 모두 묶으면 주어가 됩니다. 아래 예문에서 문장의 동사는 모두 is이므로, is 앞에 있는 덩어리들이 모두 주어입니다.

to 뒤에 동사가 있다면 to부정사

To study the bird's feeding habits is our mission.
　　　　　주어　　　　　　　　　　동사

동사 뒤에 -ing가 붙어 있다면 동명사

Arriving early at the seminar is recommended.
　　　　　주어　　　　　　　　동사

wh-로 시작한다면 의문사

Who(m) you will choose is the topic of our discussion.
　　　　주어　　　　　　동사

하지만 예외도 있습니다. 아래 예문에서 동사 is 앞에 있는 It이 주어 같지만, 진짜 주어는 동사 뒤에 있는 to exercise regularly입니다. 아래 예문처럼 주어가 너무 길다면 동사 뒤로 보내고, 가짜 주어 It을 사용해 주어의 위치를 바꿔 쓸 수 있습니다. 예외적으로 가짜 주어 It이 있는 문장은 동사를 찾지 않고도 주어를 찾을 수 있습니다.

It　is important to exercise regularly.
가짜 주어　동사　　　　진짜 주어

TIP 켈리쌤 구문 뽀개기

방금 학습한 문장 'It is important to exercise regularly.'에서 진짜 주어인 to부정사를 동사 앞으로 보내고 싶다면 'To exercise regularly is important.'로 쓸 수 있어요. 가짜 주어 It이 주어여도 to부정사가 주어인 예문과 해석은 똑같답니다.

긴 주어 해석하기

to부정사 주어는 to부정사 뒤에 있는 명사 목적어를 먼저 해석하고, 그다음에 to부정사에 '~하는 것이/은'을 붙여 해석합니다.

<u>To buy</u> <u>an electric car</u> is Jason's goal.
② to부정사　① 명사 목적어

전기 자동차를 사는 것이 제이슨의 목표이다.

동명사 주어도 마찬가지로, 동명사 뒤에 있는 명사 목적어를 먼저 해석하고, 동명사에 '~하는 것이/은'을 붙여 해석합니다.

<u>Having</u> <u>vegetables</u> has become critical.
② 동명사　① 명사 목적어

채소를 먹는 것은 중요하게 되었다.

의문사로 구성된 주어는 주어 덩어리에 있는 주어와 동사를 순서대로 해석 후, 각 의문사의 뜻에 맞게 who(누구), what(무엇, ~것), where(어디), when(언제), how(어떻게), why(왜)로 해석하면 됩니다.

<u>What</u> <u>other people</u> <u>think</u> can open up opportunities.
③ 의문사　① 주어　② 동사

다른 사람들이 생각하는 것이 기회들을 열어줄 수 있다.

가짜 주어 It이 있는 경우, It은 해석하지 않고 to부정사 주어를 해석했던 순서와 동일하게 해석하면 됩니다.

It is helpful <u>to make</u> <u>a conversation framework</u>.
② to부정사　① 명사 목적어

대화 체계를 만드는 것은 도움이 된다.

구문 분석 연습 ✏️

아래 예문들을 통해 오늘 학습한 구문독해를 연습해 보세요.

정답 및 해석 p. 8

1

To wear name tags at school is compulsory.

• 주어에 밑줄을 긋고, 우리말 해석을 완성해 보세요.

학교에서 ① _____ ② _____ 의무적이다.

어휘

wear ~을 착용하다 name tag 이름표 at (장소) ~에서 school 학교 compulsory 의무적인

2

It is necessary to consider cycling instead of driving.

• 주어에 밑줄을 긋고, 우리말 해석을 완성해 보세요.

자동차 운전 대신에 ① _____ ② _____

필요하다.

어휘

necessary 필요한, 필수적인 consider ~을 고려하다 cycling 자전거 타기 instead of ~대신에 driving 자동차 운전

34 시원스쿨 구문독해

3

Watching television moderately is an easy way to relieve stress.

• 주어에 밑줄을 긋고, 우리말 해석을 완성해 보세요.

적당히 ① _____ ② _____ 스트레스를

완화하는 하나의 쉬운 방법이다.

어휘

watch television 텔레비전을 보다 moderately 적당히 easy 쉬운 way 방법 relieve stress 스트레스를 완화하다

4

What we discussed during the staff meeting was

working conditions.

• 주어에 밑줄을 긋고, 우리말 해석을 완성해 보세요.

직원회의 동안 ① _____ ② _____ ③ _____

근무 조건이었다.

어휘

discuss ~을 논의하다 during ~ 동안 staff meeting 직원회의 working conditions 근무 조건

문장 요소 해석하기 ② 긴 목적어

주어와 마찬가지로 목적어 자리에도 하나의 명사나 대명사가 아닌 2개 이상의 단어 덩어리가 올 수 있습니다.

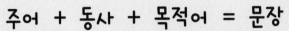

주어 + 동사 + 목적어 = 문장

to improve service
to expand into Europe
taking a long holiday
what I should give

긴 목적어 찾기

길이가 긴 주어를 찾았던 것처럼, 긴 목적어 덩어리를 찾기 위해서도 동사를 먼저 찾아야 합니다. 동사를 찾으면 동사의 행위 대상이 되는 동사 뒤의 덩어리를 모두 목적어로 파악할 수 있습니다.

The new mayor <u>promised</u> <u>to build several parks</u>.
　　　　　　　　동사　　　　　목적어

Travel guides <u>recommend</u> planning an itinerary.
　　　　　　　　동사　　　　　목적어

Marketers <u>will identify</u> what products are popular.
　　　　　　동사　　　　　　　목적어

위 예문에서 각 문장의 동사는 promised, recommend, 그리고 will identify이며, 그 뒤에 있는 to부정사, 동명사, 그리고 의문사 what으로 시작하는 긴 덩어리들이 모두 목적어의 역할을 하고 있습니다.

TIP 켈리쌤 구문 뽀개기

예문에 쓰인 동사 promise와 recommend는 각각 to부정사와 동명사를 목적어로 가지는데, 어떤 동사가 to부정사를 목적어로 가지는지 또는 동명사를 목적어로 가지는지는 별도로 암기해야 해요. 구문독해에서는 동사가 어떤 형태의 목적어를 가지는지를 암기하기보다는 문장의 동사를 찾고, 동사 뒤에 나온 to부정사나 동명사 덩어리가 목적어라는 것만 빠르게 확인하여 자연스럽게 해석하는 것을 목표로 하면 돼요.

긴 목적어 해석하기

목적어 자리에 들어간 to부정사는 to부정사 뒤에 나온 명사 목적어를 먼저 해석하고, to부정사에 '~하는 것을'을 붙여 해석합니다.

Prime Bank is planning <u>to purchase stocks</u>.
                      ② to부정사   ① 명사 목적어

프라임 은행은 주식을 구매하는 것을 계획하는 중이다.

동명사 목적어도 동명사 뒤에 있는 명사 목적어를 먼저 해석하고, 동명사에 '~하는 것을'을 붙여 해석합니다.

Many restaurants avoid <u>using single-use containers</u>.
                     ② 동명사   ① 명사 목적어

많은 식당들이 일회용 용기들을 사용하는 것을 피한다.

목적어 자리에 위치한 의문사로 시작하는 단어 덩어리는 그 안에 있는 주어와 의문사를 차례로 해석한 뒤, 동사의 뜻 뒤에 '~을/를'을 붙여 해석합니다.

who가 목적어 덩어리에 있다면 '누가/누구를 ~하는지를', what은 '무엇이/무엇을 ~하는지를', where는 '어디로/어디에 ~하는지를', when은 '언제 ~하는지를', how는 '어떻게 ~하는지를/~하는 방법을', why '왜 ~하는지를/~하는 이유를'의 뜻으로 해석합니다.

The exhibition illustrates <u>how some birds have evolved</u>.
                       ② 의문사   ① 주어   ③ 동사

그 전시회는 몇몇 새들이 어떻게 진화해왔는지를 보여준다.

아래 예문들을 통해 오늘 학습한 구문독해를 연습해 보세요.

정답 및 해석 p. 10

1

The government decided to grant funding to the city.

- 목적어에 밑줄을 긋고, 우리말 해석을 완성해 보세요.

정부는 그 도시에 ① _____ ② _____ 결정했다.

어휘

government 정부 decide ~을 결정하다 grant ~을 주다 funding 자금 to (장소, 대상) ~에 city 도시

2

You should consider transferring to the California office.

- 목적어에 밑줄을 긋고, 우리말 해석을 완성해 보세요.

당신은 캘리포니아 지사로 ① _____ 고려해야 한다.

어휘

should ~해야 한다 consider ~을 고려하다 transfer 전근가다 to (장소) ~로 office 지사, 사무실

3

This model can predict where tornadoes may occur throughout the US.

• 목적어에 밑줄을 긋고, 우리말 해석을 완성해 보세요.

이 모델은 미국 전역에 걸쳐 ① _____ ② _____
③ _____ 예측할 수 있다.

어휘

can ~할 수 있다 predict ~을 예측하다 tornado 토네이도 may ~할 수도 있다, ~일지도 모른다 occur 발생하다 throughout ~ 전역에 걸쳐 the US 미국

4

I sometimes enjoyed spending my allowance on sweets and video games.

• 목적어에 밑줄을 긋고, 우리말 해석을 완성해 보세요.

나는 가끔 사탕과 비디오 게임에 ① _____ ② _____
즐겼다.

어휘

sometimes 가끔 enjoy ~을 즐기다 spend ~을 쓰다, 소비하다 allowance 용돈 on (대상) ~에 sweets 사탕 and ~와/과, 그리고 video game 비디오 게임

Unit 06 문장 요소 해석하기 ③ 긴 보어

앞서 배운 주어 그리고 목적어와 동일하게, 주어를 보충 설명하는 보어와 목적어를 보충 설명하는 보어 자리에도 하나의 명사나 형용사가 아닌 2개 이상의 단어 덩어리가 들어갈 수 있습니다.

주어 + 동사 + 보어 = 문장
to save more lives
becoming a doctor

주어 + 동사 + 목적어 + 보어 = 문장
to use the room
to limit business trips

긴 보어 찾기

길이가 긴 보어를 찾을 때도 문장의 동사를 먼저 찾아야 합니다. 그리고 동사 뒤에 위치한 덩어리 중 주어 또는 목적어를 보충 설명하는 것을 묶어서 보어로 파악합니다. 특히, to부정사나 동명사가 주어를 보충 설명하는 보어 자리에 위치할 수 있습니다.

The purpose of this e-mail is to confirm the terms.
　　　　　　　　　　　　　　동사　　　　보어

His responsibility is training new employees.
　　　　　　　　　동사　　　보어

목적어를 보충 설명하는 보어 덩어리로는 to부정사가 있습니다.

Mr. Thomson asked me to add new items.
　　　　　　동사　목적어　　보어

Bautista Airlines encourages passengers to use its free blankets.
　　　　　　　　　동사　　　　목적어　　　　　보어

긴 보어 해석하기

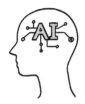 to부정사나 동명사가 주어를 보충 설명한다면, to부정사 또는 동명사 뒤에 있는 명사 목적어를 먼저 해석하고, to부정사 또는 동명사에 사용된 동사의 뜻에 '~하는 것'을 연결하여 해석합니다.

The team's goal is to develop artificial intelligence software.
　　　　　　　　② to부정사　　　① 명사 목적어

그 팀의 목표는 인공 지능 소프트웨어를 개발하는 것이다.

Mr. Smith's plan is launching a new advertising campaign.
　　　　　　　　② 동명사　　　① 명사 목적어

스미스 씨의 계획은 새로운 광고 캠페인을 출시하는 것이다.

목적어를 보충 설명하는 to부정사 덩어리도 to부정사 뒤에 제시되는 명사 목적어를 먼저 해석하고, to부정사를 '~하는 것을, ~하도록'이라고 해석합니다.

The mayor advised all residents to attend a public hearing.
　　　　　　　　　　　② to부정사　　① 명사 목적어

그 시장은 모든 거주민들에게 공청회에 참석하는 것을 권고했다.

The film technique allows artists to express emotions.
　　　　　　　　　　　② to부정사　① 명사 목적어

그 영화 기술은 예술가들이 감정들을 표현할 수 있도록 해준다.

TIP 켈리쌤 구문 뽀개기

동사 뒤에는 긴 목적어와 긴 보어 덩어리가 모두 위치할 수 있어요. 이 두 가지를 구분하는 꿀팁은 문장의 동사가 목적어가 필요한 동사인지 또는 보어가 필요한 동사인지 파악하는 것이에요. 동사의 의미에 동작의 대상에 해당되는 '~을/를'이라는 의미가 꼭 필요하다면 긴 목적어 덩어리가, '~을/를'이라는 의미가 필요하지 않다면 긴 보어 덩어리가 동사 뒤에 위치합니다.

아래 예문들을 통해 오늘 학습한 구문독해를 연습해 보세요.   정답 및 해석 p. 12

1

Our strategy is utilizing celebrity branding.

• 보어에 밑줄을 긋고, 우리말 해석을 완성해 보세요.

우리의 전략은 ① _____ ② _____ 이다.

어휘

strategy 전략 utilize ~을 이용하다, 활용하다 celebrity 유명인 branding 브랜딩(제품 이미지 부여 작업)

2

Mobile phones have enabled us to use the Internet outdoors.

• 보어에 밑줄을 긋고, 우리말 해석을 완성해 보세요.

휴대전화는 우리가 야외에서 ① _____ ② _____

가능하게 해왔다.

어휘

mobile phone 휴대전화 enable ~이 …하는 것을 가능하게 하다 use ~을 사용하다 Internet 인터넷 outdoors 야외에서

3

The purpose of the workshop is to examine the trends in fashion.

• 보어에 밑줄을 긋고, 우리말 해석을 완성해 보세요.

그 워크숍의 목적은 패션 분야에서의 ① _____ ② _____이다.

어휘

purpose 목적 of ~의 workshop 워크숍 examine ~을 검토하다 trend 트렌드, 유행 in (분야) ~에서 fashion 패션

4

The transportation authorities reminded all drivers to slow down on 7th Street.

• 보어에 밑줄을 긋고, 우리말 해석을 완성해 보세요.

교통 당국은 모든 운전자들이 7번가에서 ① _____ 상기시켰다.

어휘

transportation authorities 교통 당국 remind ~가 …할 것을 상기시키다 all 모든 driver 운전자 slow down 속도를 늦추다 on (장소) ~에서

Unit 07 짧은 수식어 해석하기 ① 형용사, 분사

앞서 명사가 주어, 목적어, 보어로 사용되는 것을 배웠습니다. 명사는 단독으로 사용될 수도 있지만, 명사의 모습이나 특징과 같은 추가적인 정보를 나타내기 위해 명사를 수식하는 단어를 사용하기도 하는데, 이를 '형용사'라고 합니다.

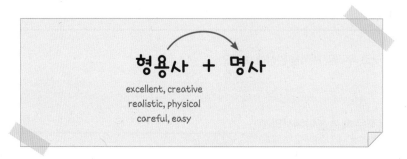

형용사와 동일한 역할을 하는 '분사'도 명사에 대한 정보를 자세히 설명하는 말로 쓰입니다. 분사는 동사에 -ing를 붙인 형태와 동사에 -ed를 붙인 형태, 이렇게 두 가지 종류가 있습니다.

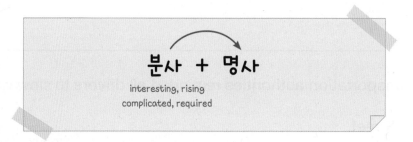

 형용사와 분사의 위치

형용사와 분사는 명사를 수식할 때, 명사 앞에 위치합니다.

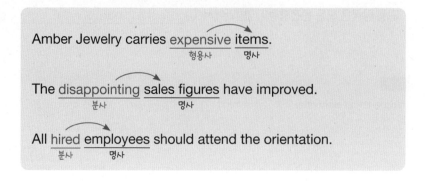

형용사와 분사 해석하기

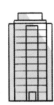

형용사와 분사는 명사 앞에 위치해 있기 때문에, 「형용사 또는 분사 → 명사」 순으로 형용사나 분사를 먼저 해석합니다.

Jerry can afford a luxury condominium.
　　　　　　　　　① 형용사　② 명사

제리는 고급 아파트를 살 수 있는 여유가 있다.

Our experienced experts will meet with you soon.
　　① 분사　　　② 명사

저희의 경험 많은 전문가들이 귀하를 곧 만날 것입니다.

특히, -ing 형태의 분사가 명사를 수식할 때는 '~하는, ~하고 있는'으로 해석하고, -ed 형태의 분사는 '~되는, ~된'으로 해석하는 것이 자연스럽습니다.

It will be difficult to feed growing populations.
　　　　　　　　　　　　　　증가하는　　인구

증가하는 인구에 식량을 공급하는 것은 어려울 것이다.

The information packet contains detailed instructions.
　　　　　　　　　　　　　　자세히 설명된　설명서

그 자료집은 자세히 설명된 설명서를 포함한다.

TIP 켈리쌤 구문 뽀개기

명사는 하나의 형용사뿐만 아니라 여러 형용사의 수식을 받을 수도 있어요. 해석 순서는 형용사가 쓰인 순서대로 「새로운(new) → 유효한(valid)」으로 해석하면 됩니다.

⑩ Please present **a new valid ID card.** (새로운 유효한 신분증)

그리고, 형용사 앞에 a(n)/the나 our/my/his/her 등이 있어도 해석 순서는 문장에 쓰인 순서대로 「그(the) → 다가오는(upcoming) → 유용한(useful)」으로 해석하면 되니 어렵지 않죠?

⑩ Participants will attend **the upcoming useful workshop.** (그 다가오는 유용한 워크숍)

구문 분석 연습 ✎

아래 예문들을 통해 오늘 학습한 구문독해를 연습해 보세요.

정답 및 해석 p. 14

1

> Mr. Carlson's presentation left a lasting impression on me.

• 형용사(또는 분사)와 수식받는 명사에 밑줄을 긋고, 우리말 해석을 완성해 보세요.

> 칼슨 씨의 발표는 나에게 ① _____ ② _____을 남겼다.

어휘

presentation 발표 leave ~을 남기다(과거형 left) lasting 지속적인 impression 인상 on (대상) ~에게

2

> The attached files show how much our profits have increased.

• 형용사(또는 분사)와 수식받는 명사에 밑줄을 긋고, 우리말 해석을 완성해 보세요.

> ① _____ ② _____ 우리의 수익이 얼마나 많이 증가해 왔는지를
>
> 보여준다.

어휘

attached 첨부된 file 파일 show ~을 보여주다 how much 얼마나 많이 profit 수익 increase 증가하다

3

Reasonable bus fares will encourage people to use

public transportation more often.

• 형용사(또는 분사)와 수식받는 명사에 밑줄을 긋고, 우리말 해석을 완성해 보세요.

① _____ ② _____은 사람들이 더 자주 대중교통을

이용하도록 장려할 것이다.

어휘

reasonable 적정한 가격의 bus fare 버스 요금 will ~할 것이다 encourage A to do A가 ~하도록 장려하다 people 사람들 use ~을
이용하다 public transportation 대중교통 more 더, 더욱 often 자주

4

The weather conditions caused a minor delay in the satellite's

launch plans.

• 형용사(또는 분사)와 수식받는 명사에 밑줄을 긋고, 우리말 해석을 완성해 보세요.

기상 상태는 인공위성의 발사 계획에 ① _____ ② _____을 발생시켰다.

어휘

weather condition 기상 상태 cause ~을 발생시키다 minor 사소한 delay 지연, 연기 in (상태) ~에 satellite 인공위성 launch 발사
plan 계획

Unit 07에서 명사를 수식하는 형용사를 배웠다면, 이번 Unit에서는 주로 동사와 형용사를 수식하는 '부사'에 대해 배워보겠습니다. 부사는 '어떻게, 얼마나'에 해당하는 말로, 형용사와 동사의 동작이나 상태를 더 자세하게 설명하는 역할을 합니다.

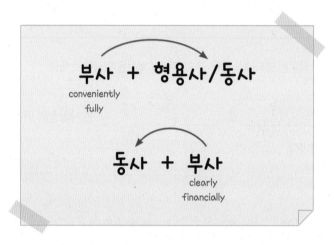

부사 + 형용사/동사
conveniently
fully

동사 + 부사
clearly
financially

🔆 부사의 위치

부사는 대부분 형용사와 동사 앞에 위치합니다.

The modern painting techniques are highly innovative.
　　　　　　　　　　　　　　　　　부사　　　형용사

Public officials adequately handled the national crisis.
　　　　　　　　부사　　　동사

단, 부사가 동사를 수식할 때 동사의 태, 시제, 그리고 종류에 따라 동사의 사이 또는 뒤에 위치하기도 합니다.

These furnished apartments are ideally located in the city.
　　　　　　　　　　　　　　동사　부사　　동사

The graphic design team has recently recruited experienced workers.
　　　　　　　　　　　　동사　부사　　동사

Most freelancers rely heavily on their financial advisors.
　　　　　　　　동사　부사

부사 해석하기

부사가 형용사를 수식할 경우, 문장에 제시된 대로 「부사 → 형용사」의 순서로 해석합니다.

The job market has become gradually competitive.
　　　　　　　　　　　　　　　① 부사　　　② 형용사

취업 시장이 점차 경쟁적인 상태가 되었다.

부사가 동사를 수식할 경우, 부사의 위치와 상관없이 부사를 먼저 해석하고, 동사를 해석합니다. 부사의 위치가 어디든 동사를 수식하는 것은 변함없기 때문에 해석 순서도 변하지 않습니다.

Queen's songs eventually received worldwide acclaim.
　　　　　　　　① 부사　　② 동사

퀸의 노래들은 결국 전 세계적인 찬사를 받았다.

The new water purification system was properly installed.
　　　　　　　　　　　　　　　　　② 동사　① 부사　② 동사

새로운 정수 시스템은 적절하게 설치되었다.

Scientists have often wondered how bees choose a particular flower.
　　　　② 동사　① 부사　② 동사

과학자들은 어떻게 벌들이 특정 꽃을 선택하는지를 자주 궁금해 왔다.

TIP 켈리쌤 구문 뽀개기

부사는 형용사와 동사 외에 또 다른 부사나 문장 전체도 수식할 수 있어요. 또 다른 부사를 꾸며주는 경우, 문장에 쓰인 순서대로 해석하고, 문장 전체를 꾸며주는 경우에는 부사를 가장 먼저 해석하면 돼요.

ⓔ Mr. Heppner performed his job **extremely well**. (대단히 잘)

ⓔ **Lately**, several permanent positions have opened up. (최근에, ~)

아래 예문들을 통해 오늘 학습한 구문독해를 연습해 보세요.　　　　　　정답 및 해석 p. 16

1

I really appreciate your help with my assignment.

• 부사와 수식받는 동사(또는 형용사)에 밑줄을 긋고, 우리말 해석을 완성해 보세요.

저는 저의 과제에 대한 당신의 도움을 ① _____

② _____ .

어휘

really 정말로, 대단히　appreciate ~을 감사히 여기다　help 도움　with ~에 대한　assignment 과제

2

Housing prices are increasing slowly due to rising demand.

• 부사와 수식받는 동사(또는 형용사)에 밑줄을 긋고, 우리말 해석을 완성해 보세요.

주택 가격이 증가하는 수요 때문에 ① _____ ② _____ .

어휘

housing price 주택 가격　increase 오르다, 증가하다　slowly 천천히　due to ~ 때문에　rising 증가하는, 상승하는　demand 수요

3

Viral marketing is proving to be significantly effective

for our customer service.

• 부사와 수식받는 동사(또는 형용사)에 밑줄을 긋고, 우리말 해석을 완성해 보세요.

바이럴 마케팅은 우리의 고객 서비스에 대해 ① _____ ② _____

것으로 드러나고 있다.

어휘

viral marketing 바이럴 마케팅(소비자들이 자발적으로 제품을 홍보할 수 있도록 제작하는 마케팅 기법) prove ~으로 드러나다
significantly 상당히 effective 효과적인 for (대상) ~에 대해 customer 고객

4

The human race has greatly affected Earth's climate and

atmosphere.

• 부사와 수식받는 동사(또는 형용사)에 밑줄을 긋고, 우리말 해석을 완성해 보세요.

인류는 지구의 기후와 대기에 ① _____ ② _____ .

어휘

human race 인류 greatly 크게, 대단히 affect ~에 영향을 미치다 Earth 지구 climate 기후 and ~와/과, 그리고 atmosphere 대기

이번 Unit에서는 명사를 수식하는 형용사와 분사, 그리고 형용사와 동사를 수식하는 부사처럼 하나의 단어를 꾸며주는 또 다른 수식어를 다뤄보겠습니다. 영어에서는 한 단어가 아닌 두 개 이상의 단어로 구성된 덩어리를 '구'라고 하는데, 이 '구'가 명사를 수식하는 형용사의 역할을 하는 경우 '형용사구'라고 부릅니다.

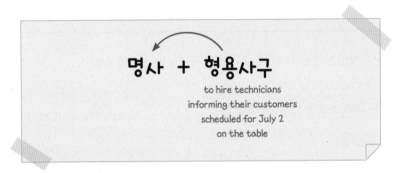

명사 + 형용사구

to hire technicians
informing their customers
scheduled for July 2
on the table

형용사구의 위치

형용사구는 두 개 이상의 단어로 구성되어 있어 길이가 길기 때문에 수식하는 명사 뒤에 위치합니다.

An efficient way to learn a language is to be exposed to it.
　　　　　명사　　　형용사구

Residents are complaining about the noise affecting their sleep.
　　　　　　　　　　　　　　　　명사　　　형용사구

Applicants interested in the position should complete a form.
명사　　　형용사구

The guest speaker will address the healthcare industry problems in the UK.
　　　　　　　　　　　　　　　　　　　　　　명사　　　형용사구

형용사구의 종류

• to부정사구

to부정사구는 명사를 수식하는 형용사의 역할도 하기 때문에 형용사구에 포함됩니다.

Mr. Tompson announced his decision to resign.
명사   to부정사구

All flight attendants have made efforts to improve services.
명사   to부정사구

• 분사구

분사구 또한 명사를 수식할 수 있으므로 형용사구입니다. 특히, -ing로 시작하는 분사구는 분사 뒤에 명사가 붙고, -ed 형태의 분사구는 분사 뒤에 전치사가 이끄는 덩어리가 오는 경우가 많습니다.

Mr. Ericson will be the director overseeing all regional offices.
명사   분사구

Customers surveyed about our product responded positively.
명사   분사구

• 전치사구

「전치사 + 명사」로 구성된 전치사가 이끄는 덩어리를 '전치사구'라고 부릅니다. 이 전치사구는 -ed 분사 뒤에 위치해 분사구에 포함될 수 있고, 명사 바로 뒤에 위치하여 명사를 수식하기도 합니다.

분사 + 전치사구 = 분사구

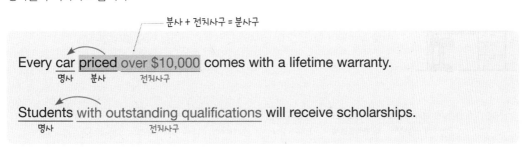

Every car priced over $10,000 comes with a lifetime warranty.
명사   분사   전치사구

Students with outstanding qualifications will receive scholarships.
명사   전치사구

형용사구 해석하기

• to부정사구

to부정사구가 명사를 수식하는 경우, to부정사구를 먼저 해석하고 수식을 받는 명사를 해석합니다. 따라서 「(to 부정사의 명사 목적어) → to부정사 → 수식받는 명사」 순으로 해석하며, 이때 to부정사구를 '~(해야) 할'으로 해석하면 자연스럽습니다.

Learning how to speak concisely requires a long time to master.
　　　　　　　　　　　　　　　　　　　　　② 수식받는 명사　① to부정사

간결하게 말하는 방법을 배우는 것은 숙달할 오랜 시간이 필요하다.

A healthy body has the ability to restore itself.
　　　　　　　　　　③ 수식받는 명사　② to부정사　① 명사 목적어

건강한 신체는 그 자체를 회복시킬 능력을 갖추고 있다.

 to부정사 뒤에 위치한 명사 목적어의 앞 또는 뒤에 형용사나 분사 등의 수식어가 있는 경우, 「수식어 → to부정사의 명사 목적어 → to부정사 → 수식받는 명사」 순서로 해석합니다.

The marketing team is making an effort to promote the new product.
　　　　　　　　　　　　　　　　　④ 수식받는 명사　③ to부정사　① 수식어　② 명사 목적어

마케팅팀은 새로운 제품을 홍보할 노력을 하고 있다.

 그렇다면 to부정사구의 수식을 받는 명사 앞 또는 뒤에도 수식어가 있다면 어떤 순서로 해석해야 할까요? 이 경우에도 역시 수식어를 먼저 해석합니다.

People have the basic right to refuse medical treatment.
　　　　　　④ 수식어　⑤ 수식받는 명사　③ to부정사　① 수식어　② 명사 목적어

사람들은 의학적 치료를 거부할 기본적인 권리를 가지고 있다.

곧 학습할 분사구와 전치사구 해석에서도 「(명사 목적어의 수식어) → 명사 (목적어)/전치사구 → 분사 또는 전치사 → (수식받는 명사의 수식어) → 수식받는 명사」의 순서로 해석하면 됩니다.

• 분사구

분사구가 형용사의 역할을 할 때도 분사구를 먼저 해석하고 수식받는 명사를 그 뒤에 해석합니다. 분사구 내에 위치한 명사 목적어를 수식하는 수식어나 전치사구가 있다면 마찬가지로 수식어 또는 전치사구를 가장 먼저 해석합니다.

Brown Hotel hosting the annual conference completed its renovation.
④ 수식받는 명사   ③ 분사   ① 수식어   ② 명사 목적어

연례 컨퍼런스를 개최하는 브라운 호텔은 보수 공사를 완료했다.

The budget plan reviewed by Mr. Daris will be approved.
③ 수식받는 명사   ② 분사   ① 전치사구

다리스 씨에 의해 검토된 예산 계획은 승인될 것이다.

• 전치사구

전치사구가 명사를 수식할 때는 전치사구를 먼저 해석하고, 수식받는 명사를 그 뒤에 해석합니다. 전치사구에 명사의 수식어가 있다면 수식어를 제일 먼저 해석합니다.

Andy's task at the event is to make his company's videos.
③ 수식받는 명사   ② 전치사   ① 명사

행사에서의 앤디의 업무는 그의 회사의 영상들을 만드는 것이다.

I sent my friend congratulations on the successful debut.
④ 수식받는 명사   ③ 전치사   ① 수식어   ② 명사

나는 내 친구에게 성공적인 데뷔에 대한 축하를 보냈다.

TIP 켈리쌤 구문 뽀개기

문장에서 어디까지가 형용사구인지 찾기 어렵다구요? 그렇다면 문장의 동사와 수식받는 명사를 먼저 찾아보세요!
만약 수식받는 명사가 문장의 주어라면 명사 주어 뒤부터 동사 앞까지가 모두 명사 주어를 수식하는 형용사구랍니다.

예 The research team proving the moon's effect on sleep received an award.
주어(명사)   형용사구(분사구)   동사

아래 예문들을 통해 오늘 학습한 구문독해를 연습해 보세요.   정답 및 해석 p. 18

1

Participating in after-school programs is one way to get extra

credits.

- 수식하는 구와 수식받는 명사에 밑줄을 긋고, 우리말 해석을 완성해 보세요.

방과후 프로그램들에 참가하는 것은 ① _____ ② _____

③ _____ ④ _____ ⑤ _____ 이다.

어휘

participate in ~에 참가하다 after-school program 방과후 프로그램 one 하나의 way 방법 get ~을 얻다, 가지다 extra 추가의
credit 학점, 수업 점수

2

Choy Restaurant introduced a special promotion providing

discounts to regular customers.

- 수식하는 구와 수식받는 명사에 밑줄을 긋고, 우리말 해석을 완성해 보세요.

초이 레스토랑은 단골손님들에게 ① _____ ② _____

③ _____ ④ _____를 소개했다.

어휘

introduce ~을 소개하다 special 특별한 promotion 판촉행사 provide ~을 제공하다 discount 할인 to (대상) ~에게 regular
customer 단골손님

3

We encourage visitors to the National Museum to make substantial donations.

• 수식하는 구와 수식받는 명사에 밑줄을 긋고, 우리말 해석을 완성해 보세요.

우리는 ① _____ ② _____

③ _____ 상당한 액수의 기부를 하도록 권장한다.

어휘

encourage A to do A가 ~하도록 권장하다 visitor 방문객 to (장소) ~에 오는 National Museum 국립 박물관 make donations 기부하다 substantial 상당한 (액수의)

4

The themes contained in modern art can be difficult and unclear to the audience.

• 수식하는 구와 수식받는 명사에 밑줄을 긋고, 우리말 해석을 완성해 보세요.

① _____ ② _____ ③ _____ ④ _____

⑤ _____ 관람객들에게 어렵고 불확실할 수 있다.

어휘

theme 주제 contain ~을 포함하다 in (위치) ~에 modern 현대의 art 미술 can ~할 수(도) 있다 difficult 어려운 unclear 불확실한 to (대상) ~에게 audience 관람객

Unit 10 중간 수식어 해석하기 ② 부사구

Unit 09에서 형용사 역할을 하는 두 단어 이상의 덩어리를 형용사구라고 배웠습니다. 이번 Unit에서는 부사 역할을 하는 덩어리, 즉 '부사구'에 대해 배워보겠습니다. 부사구는 부사처럼 문장 전체를 수식할 수 있습니다.

문장 + 부사구 / 부사구, 문장
to publish many books   To grow your business,
over the next years   During the seminar,

부사구의 위치

부사구는 문장의 맨 앞 또는 맨 뒤에 위치하는데, 수식하는 문장 앞에 위치할 경우 부사구 뒤에 콤마(,)를 반드시 써야 합니다.

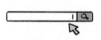

You may visit our Web site to find detailed reviews.
수식받는 문장   부사구

Due to the impending storm, Brooks Inc. postponed its company outing.
부사구   수식받는 문장

부사구의 종류

부사구에는 to부정사구와 전치사구가 있으며, 주로 시간, 시점, 기간, 장소, 방법, 목적, 방향 등 문장에 더 구체적인 정보를 추가하는 역할을 합니다.

Nancy drove to a fast food restaurant to get a quick dinner.
수식받는 문장   부사구(to부정사구)

To improve comfort, contemporary architecture has reimagined spaces.
부사구(to부정사구)   수식받는 문장

앞서 제시된 두 개의 예문에서 부사구인 to부정사구는 각각 '패스트푸드점에 차를 타고 간 목적이 신속한 저녁 식사를 하기 위해', 그리고 '공간을 재해석한 목적이 쾌적함을 향상시키기 위해'라는 의미로 문장에서 '목적'에 해당하는 추가 정보를 설명하고 있습니다.

In recent years, I have noticed my town becoming more urbanized.
부사구(전치사구)　　　　　　　　　　수식받는 문장

Jaxon lost his passport and all his money during the trip.
　　　　　수식받는 문장　　　　　　　　　　부사구(전치사구)

위 예문에서 '최근에'라는 뜻의 전치사구 In recent years는 마을이 더 도시화된 것을 알아차린 시점을. 그다음 예문에서 '출장 중에'라는 뜻의 전치사구 during the trip은 잭슨이 여권과 모든 돈을 잃어버렸던 시점을 밝히고 있음을 알 수 있습니다.

부사구 해석하기

to부정사구와 전치사구가 문장 전체를 뒤에서 수식할 때는 「주어 → to부정사구 또는 전치사구 → 동사 (+ 목적어/보어)」의 순서로 자연스럽게 해석할 수 있습니다. 특히, to부정사구의 경우, 뒤에 대부분 '~하기 위해'라는 목적의 뜻을 붙여 해석합니다.

Everyone involved in the presentation did their best to gain reputation.
　　　① 주어　　　　　　　　　　③ 동사 + 목적어　　　　② to부정사구

발표에 관련된 모든 사람들은 명성을 얻기 위해 최선을 다했다.

to부정사구나 전치사구가 문장의 맨 앞에서 수식하는 경우, 가장 먼저 해석합니다.

For safety reasons, a number of vacuum cleaners were recalled.
　　　① 전치사구　　　　　② 주어　　　　　③ 동사

안전상의 이유로, 많은 진공청소기가 회수되었다.

 TIP 켈리쌤 구문 쪼개기

to부정사구와 전치사구는 형용사구와 부사구로 둘 다 쓰일 수 있어요. 각각의 역할이 달라도 생긴 모양이 같은데, 형용사구인지 부사구인지 어떻게 구분할까요? 바로 문장에서 각 구의 역할을 확인하면 쉽게 알 수 있어요. 명사를 수식하는 형용사 역할을 한다면 형용사구로 사용된 것이고, 명사가 아닌 문장 전체를 수식해 목적, 장소, 시간, 방법, 기간, 방향 등을 설명한다면 부사구로 쓰인 거예요.

구문 분석 연습 ✏️

아래 예문들을 통해 오늘 학습한 구문독해를 연습해 보세요.

정답 및 해석 p. 20

1

Jack usually drinks a lot of coffee to stay awake.

• 수식하는 구와 수식받는 문장에 밑줄을 긋고, 우리말 해석을 완성해 보세요.

① _____ ② _____ ③ _____

④ _____ .

어휘

usually 보통 drink ~을 마시다 a lot of 많은 stay ~한 상태를 유지하다 awake 깨어 있는

2

The participants in the quiz show must answer each question

within 30 seconds.

• 수식하는 구와 수식받는 문장에 밑줄을 긋고, 우리말 해석을 완성해 보세요.

① _____ ② _____

③ _____ .

어휘

participant 참가자 in (장소) ~에서 quiz show 퀴즈 쇼 must ~해야 한다 answer ~에 대답하다 each 각각의 question 질문
within ~이내에 second 초

3

To facilitate learning, the university provided free tutoring

for first-year students.

• 수식하는 구와 수식받는 문장에 밑줄을 긋고, 우리말 해석을 완성해 보세요.

① _____ , ② _____

1학년 학생들에게 ③ _____ .

어휘

facilitate ~을 용이하게 하다, 쉽게 하다 learning 학습 university 대학 provide ~을 제공하다 free 무료의 tutoring 튜터링, 학습 상담 for (대상) ~에게 first-year 1학년 student 학생

4

Despite the bad service, many customers at Thai Bistro

enjoy its tasty food.

• 수식하는 구와 수식받는 문장에 밑줄을 긋고, 우리말 해석을 완성해 보세요.

① _____ , ② _____

③ _____ ④ _____ .

어휘

despite ~에도 불구하고 bad 좋지 않은, 나쁜 many 많은 customer 고객 at (장소) ~에 있는 enjoy ~을 즐기다 tasty 맛있는 food 음식

구가 명사를 수식할 수 있는 것처럼, 구보다 더 긴 덩어리도 명사를 수식할 수 있습니다. 구보다 더 긴 덩어리는 구와 달리 주어와 동사를 포함하고 있으며, 이것을 '절'이라고 부릅니다.

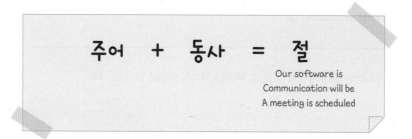

절이 구와 또 다른 점은 2개 이상의 구를 연결할 때 바로 이어 쓸 수 있지만, 2개 이상의 절을 연결할 때는 접착제 역할을 하는 '접속사'가 반드시 필요하다는 것입니다. 그래서 2개의 절이 연결될 때는 1개의 접속사가, 3개의 절이 연결될 때는 2개의 접속사가 있어야 문장이 될 수 있습니다.

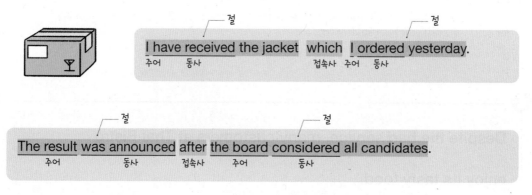

TIP 켈리쌤 구문 뽀개기

주어와 동사를 포함하는 절이 문장과 다른 점은 무엇일까요? 둘 다 주어와 동사를 가질 수 있지만, 절의 상위 개념이 문장이라고 생각하면 돼요. 문장은 한 개 이상의 절로 구성되고, 한 문장 안에 여러 개의 절이 있을 수 있습니다.

예 Mr. Reymond trains new employees. (절이면서 문장)
　　　주어　　　동사

예 We will ship the item when it arrives. (2개의 절이 하나의 문장을 구성)
　　주어　동사　　　　　　　　　주어　동사

그렇다면 형용사절은 무엇일까요? 형용사구와 마찬가지로, 주어와 동사를 포함하는 하나의 절이 명사를 수식하는 형용사의 역할을 할 때, 이 절을 '형용사절'이라고 합니다.

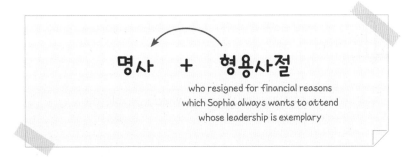

명사 + 형용사절

who resigned for financial reasons
which Sophia always wants to attend
whose leadership is exemplary

형용사절의 위치

형용사절은 길이가 길기 때문에 항상 수식하는 명사 뒤에 위치합니다.

A coupon will be provided to anyone who purchases items.
　　　　　　　　　　　　　　　　　수식받는 명사　　형용사절

Mr. Jones inspected the machines which were installed yesterday.
　　　　　　　　　　　　수식받는 명사　　　　형용사절

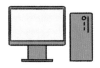

The new monitors that we ordered last week were delivered.
　　　　　　　수식받는 명사　　　　형용사절

The man whose car is parked at the entrance is my supervisor.
수식받는 명사　　　　　　형용사절

형용사절의 종류

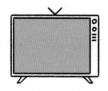

형용사절에는 who, whom, which, whose, that으로 시작하는 형용사절이 있습니다. 각 절의 종류를 구분하기보다는, 다양한 형용사절의 의미만 해석할 수 있으면 됩니다.

People **who watch television too much** have vision problems.
수식받는 명사　　　　who 형용사절

Peter Faraday **whom you met** will send you an information packet.
수식받는 명사　　　whom 형용사절

The topics **which we will discuss tomorrow** are attached to the e-mail.
수식받는 명사　　　which 형용사절

Customers **whose flights are canceled** are eligible for a full refund.
수식받는 명사　　　whose 형용사절

The solar system contains eight planets **that orbit the Sun.**
수식받는 명사　　　that 형용사절

형용사절을 이끄는 who, whom, which, whose, that을 '형용사절 접속사'라고 부르는데, 이 형용사절 접속사는 흔히 우리가 알고 있는 '관계대명사'라고도 합니다. 이것들은 명사를 꾸며주는 형용사의 역할을 하는 동시에, 절과 절을 연결하는 접속사의 기능도 할 수 있습니다.

• 형용사절 접속사의 역할 ① 명사 수식

형용사절

The cleaning product **which we have developed** can remove any stain.
수식받는 명사　　형용사절 접속사

• 형용사절 접속사의 역할 ② 절과 절을 연결

형용사절

The cleaning product **which** we have developed can remove any stain.
주어　　　형용사절 접속사 주어　　동사　　　　동사

각 형용사절 접속사가 수식할 수 있는 대상이나 문장 내에서의 문법적 역할들이 조금씩 다르지만, 여기서는 who, whom, which, whose, that이라는 형용사절 접속사가 주어 그리고 동사와 연결되어 명사를 꾸며줄 수 있다는 것만 기억하면 됩니다.

형용사절 해석하기

 형용사절의 해석 순서는 「(형용사절의 주어) → (형용사절의 수식어) → 형용사절의 동사 (+ 목적어/보어) → 수식받는 명사」 순으로 해석하고, 형용사절의 동사에 '~하는, ~한'을 붙여 해석하면 자연스럽습니다.

형용사절 접속사는 접착제의 역할만 할 뿐, 따로 해석하지 않아요.

People who live in the Arctic use various methods to cover their homes.
③ 수식받는 명사 ② 동사 ① 수식어

북극에 사는 사람들은 그들의 집을 덮기 위해 다양한 방법을 사용한다.

The president will hire Ms. Powell whom Mr. Winston recommended.
③ 수식받는 명사 ① 주어 ② 동사

회장은 윈스턴 씨가 추천했던 파월 씨를 고용할 것이다.

Mr. Hans is a manager whose duties include writing performance evaluations.
③ 수식받는 명사 ① 주어 ② 동사 + 목적어

한스 씨는 직무에 실적 평가를 작성하는 것을 포함하고 있는 관리자이다.

형용사절을 포함한 문장을 해석하려면 형용사절의 수식을 받는 명사의 역할을 먼저 파악해야 합니다. 수식받는 명사가 문장 내에서 주어 역할을 한다면, 「형용사절 → 수식받는 명사(주어) → (목적어/보어) → 동사」 순으로 해석합니다.

The dessert which the restaurant is known for was sold out.
② 수식받는 명사(주어) ① 형용사절 ③ 동사

그 식당에서 유명한 후식은 매진이었다.

만약 형용사절의 수식을 받는 명사가 문장 내에서 목적어 또는 보어라면, 「주어 → 형용사절 → 수식받는 명사(목적어/보어) → 동사」의 순서로 해석합니다.

Modern Hebrew is a language that is spoken by millions of people.
① 주어 ④ 동사 ③ 수식받는 명사(보어) ② 형용사절

현대 히브리어는 수백만 명의 사람들에 의해 구사되는 언어이다.

구문 분석 연습 ✏️

아래 예문들을 통해 오늘 학습한 구문독해를 연습해 보세요.

정답 및 해석 p. 22

1

Students who want to attend the science fair next week

should contact Mr. Harrison.

• 수식하는 절과 수식받는 명사에 밑줄을 긋고, 우리말 해석을 완성해 보세요.

①_____ ②_____

③_____ .

어휘

student 학생 want to do ~하고 싶다 attend ~에 참석하다 science fair 과학 박람회 next week 다음 주에 should ~해야 한다
contact ~에게 연락하다

2

We are looking for a supplier whose reputation is excellent

in the field.

• 수식하는 절과 수식받는 명사에 밑줄을 긋고, 우리말 해석을 완성해 보세요.

①_____ ②_____

③_____ ④_____ .

어휘

look for ~을 찾다 supplier 공급업체 reputation 평판 excellent 훌륭한 in (장소) ~에서 field 업계, 분야

3

The newly launched printers which have a high-speed printing function will be in stock in 3 days.

• 수식하는 절과 수식받는 명사에 밑줄을 긋고, 우리말 해석을 완성해 보세요.

① _____ ② _____

3일 후에 ③ _____ .

어휘

newly 새롭게 launched 출시된 printer 프린터 have ~을 가지다 high-speed 고속의 printing 인쇄, 출력 function 기능 will ~일 것이다 be in stock 입고되다 in + 날짜 ~후에

4

Mountain climbing is a physical activity that requires a lot of strength and extensive training.

• 수식하는 절과 수식받는 명사에 밑줄을 긋고, 우리말 해석을 완성해 보세요.

① _____ ② _____

③ _____ ④ _____ .

어휘

mountain climbing 등산 physical 신체의 activity 활동 require ~을 필요로 하다, 요구하다 a lot of 많은 strength 힘 and ~와/과, 그리고 extensive 광범위한 training 훈련

Unit 12 긴 수식어 해석하기 ② 부사절

명사를 수식하는 형용사절 외에, 문장을 수식할 수 있는 절도 있습니다. 이러한 절을 '부사절'이라고 부르는데, 이름에서 알 수 있듯이 부사의 역할을 하는 절입니다. 따라서 부사절은 문장 전체의 의미를 자세히 설명할 수 있습니다.

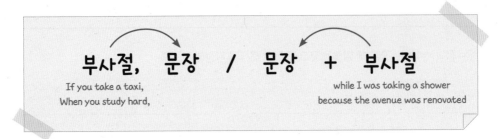

부사절, 문장 / 문장 + 부사절

If you take a taxi,
When you study hard,

while I was taking a shower
because the avenue was renovated

 **부사절의 위치**

부사절은 수식하는 문장의 앞 또는 뒤에 위치할 수 있습니다. 다만, 수식하는 문장 앞에 위치한다면 콤마(,)와 함께 쓰여야 하고, 수식하는 문장 뒤에 쓸 때는 콤마 없이 바로 붙여서 쓸 수 있습니다.

When I came back from the restroom, the server was bringing out the food.
　　　　　　부사절　　　　　　　　　　　　　　수식받는 문장

Traffic congestion will remain a problem unless more action is taken.
　　　　수식받는 문장　　　　　　　　　　　　부사절

TIP 켈리쌤 구문 뽀개기

수식의 역할을 하는 부사절도, 수식을 받는 문장도 주어와 동사를 가지고 있는데, 어떻게 구분할 수 있을까요? 바로 부사절과 수식받는 문장을 붙여주는 접속사의 위치를 보면 됩니다. 이 접속사가 포함된 쪽이 부사절, 포함되지 않은 쪽이 수식을 받는 문장이 돼요. 이제 쉽게 구분할 수 있겠죠?

　　　　　　　부사절
Before our tour starts, I would like to go over some itineraries with you.
접속사　　　　　　　　　　　　수식받는 문장

부사절의 종류

부사절을 만들기 위해서는 부사절과 부사절의 수식을 받는 문장을 연결하는 접속사가 반드시 필요한데, 이것을 '부사절 접속사'라고 합니다. 각각의 부사절 접속사들은 시간, 이유, 조건, 양보 등의 다양한 의미를 가지고 있으므로 단어처럼 뜻을 암기해 두면 문장을 쉽게 해석할 수 있습니다.

when ~할 때	before ~ 전에	after ~ 후에	since ~이후로
as ~할 때	while ~동안	until ~까지	as soon as ~하자마자
as long as ~하는 한	once 일단 ~하면	if 만약 ~하면	

because, as, since ~ 때문에   although, though, even though (비록) ~임에도 불구하고, ~지만
unless ~ 아니라면, ~ 않는다면

 ## 부사절 해석하기

부사절을 해석할 때는 「부사절의 주어 → (부사절의 수식어) → (부사절의 목적어/보어) → 부사절의 동사 → 부사절 접속사」의 순서로 해석합니다.

부사절

Though   the company's output   has decreased, its profits have risen.
③ 부사절 접속사   ① 주어   ② 동사

회사의 생산량이 감소해왔지만, 수익은 증가해 왔다.

부사절

Passengers will be taken to a hotel since the flight is scheduled for tomorrow.
                              ④ 부사절 접속사   ① 주어   ③ 동사   ② 수식어

항공편이 내일로 예정되어 있기 때문에 승객분들은 호텔로 모셔질 것입니다.

 부사절이 포함된 문장을 해석할 때는 부사절의 위치와는 상관없이 부사절을 먼저 해석하고, 수식받는 문장을 그다음에 해석하면 됩니다.

If you want to borrow a book for a long period of time, you will need permission.
         ① 부사절   ② 수식받는 문장

긴 기간 동안 책을 빌리고 싶다면, 당신은 허가가 필요할 것이다.

Some monkeys are rarely seen as they live high up in the upper branches.
         ② 수식받는 문장   ① 부사절

몇몇 원숭이들은 위쪽 가지 높은 곳에 살기 때문에 드물게 목격된다.

구문 분석 연습 ✏️

아래 예문들을 통해 오늘 학습한 구문독해를 연습해 보세요.

정답 및 해석 p. 24

1

After the shop is closed, you must count the notes from the
cash register accurately.

• 수식하는 절과 수식받는 문장에 밑줄을 긋고, 우리말 해석을 완성해 보세요.

①_____,

②_____ .

어휘

after ~후에 shop 상점, 가게 close 문을 닫다 must 반드시 ~해야 한다 count ~을 세어보다 notes 지폐 from (위치, 출처) ~에서 (온),
~로부터 cash register 계산대 accurately 정확하게

2

As long as Harry keeps doing rehabilitation exercises, he will be
able to walk again.

• 수식하는 절과 수식받는 문장에 밑줄을 긋고, 우리말 해석을 완성해 보세요.

①_____,

②_____ .

어휘

as long as ~하는 한 keep -ing 계속 ~하다 do ~을 하다 rehabilitation 재활 exercise 운동 will ~일 것이다 be able to do ~할 수
있다 walk 걷다 again 다시

3

Maintenance workers carried on with the repairs even though the water was rising.

• 수식하는 절과 수식받는 문장에 밑줄을 긋고, 우리말 해석을 완성해 보세요.

① _____

② _____ .

어휘

maintenance 시설 관리, 유지 보수 worker 직원 carry on with ~을 계속 이어 나가다 repairs 수리 작업 even though (비록) ~지만 water 물 rise 불어나다, 증가하다

4

Since she has worked at WJE Inc. for 20 years, the company has offered Ms. Graves a leading role.

• 수식하는 절과 수식받는 문장에 밑줄을 긋고, 우리말 해석을 완성해 보세요.

① _____ ,

② _____ .

어휘

since ~ 때문에 work at ~에서 일하다 Inc.(= Incorporated) 주식회사 for + 기간 ~동안 year 해, 년 company 회사 offer ~을 제안하다 leading 주요한 role 역할

긴 절이 명사로 쓰일 때 해석하기 ①

절은 형용사 또는 부사 역할 외에 명사의 역할도 할 수 있습니다. 앞서 배웠던 것처럼 명사는 문장에서 주어, 목적어, 그리고 보어의 자리에 올 수 있는데, 이 자리에 한 단어로 구성된 명사 또는 단어 덩어리가 아닌 주어와 동사로 구성된 절이 들어갈 수 있습니다. 이러한 절을 명사의 역할을 하는 절이라는 뜻으로 '명사절'이라고 합니다.

주어(명사절)   +   동사   +   목적어/보어(명사절)

Whether the people are happy   whether the batteries are disposable
That they are harmful   if they have rooms
                                                                                that it will expand its range

---

 명사절의 위치

명사절은 명사가 쓰일 수 있는 주어, 목적어, 보어 자리에 모두 들어갈 수 있습니다. 주어로 쓰였다면 동사 앞에 위치하고, 목적어 또는 보어로 쓰였다면 동사 뒤에 위치합니다.

<u>Whether we should attend the seminar</u> <u>will be decided</u> this afternoon.
　　　　　　명사절(주어)　　　　　　　　　　 동사

Mr. Bauer <u>asked</u> <u>if Ms. Tetley is hiring new staff to handle new clients.</u>
　　　　　 동사　　　　　　　　　명사절(목적어)

The problem with this laptop <u>is</u> <u>that it keeps displaying error messages.</u>
　　　　　　　　　　　　　　 동사　　　　　명사절(보어)

TIP 켈리쌤 구문 뽀개기

앞서 부사절을 이끄는 접속사인 부사절 접속사처럼, 명사절에도 명사절을 이끄는 접속사가 있어요. 바로 whether, if, that인데, 이 접속사들을 '명사절 접속사'라고 부릅니다.

　　　　　　　　　　　　　　　　　　　　명사절
The HR director requested **that** employees provide photos for their ID cards.
　　　　　　　　　　 명사절 접속사

명사절은 명사 및 명사구와 동일한 역할을 하지만, 명사와 명사구보다 길이가 길고 주어와 동사를 포함하고 있다는 점만 다릅니다. 이제 명사와 명사구, 그리고 명사절의 차이에 대해 확실히 알겠죠?

whether, if, that 명사절 해석하기

 명사절을 해석할 때는 「명사절의 주어 → (명사절의 수식어) → 명사절의 동사 (+ 목적어/보어) → 명사절 접속사」 순으로 해석합니다.

명사절 접속사가 whether 또는 if라면 '~할지, ~인지'라는 뜻을, that이면 '~하는 것, ~(이)라는 것'이라는 뜻을 명사절의 동사에 붙여 해석합니다.

명사절

Nate has not decided whether he should renew his contract with East Publishing.
　　　　　　　　　　④ 명사절 접속사 ① 주어　　　　③ 동사 + 목적어　　　　② 수식어

네이트는 이스트 출판사와의 계약을 갱신해야 할지 결정하지 않았다.

명사절

 Mr. Merlin asked if   further budget updates will be made.
　　　　　　　③ 명사절 접속사　　　① 주어　　　　② 동사

멀린 씨는 추가적인 예산 업데이트가 생길지 물어보았다.

명사절

A new study shows that walking is better for your health than running.
　　　　　　　⑤ 명사절 접속사 ① 주어 ④ 동사 + 보어 ③ 수식어 2　　② 수식어 1

새로운 연구는 걷기가 달리기보다 당신의 건강에 더 좋다는 것을 보여준다.

영어 문장에서 명사절은 동사의 목적어 또는 보어로 자주 쓰이는데, 이러한 문장 전체의 해석 순서는 「주어 → 명사절(목적어/보어) → 동사」 입니다.

You should note that the upcoming workshop has been canceled.
① 주어　　③ 동사　　　　　　② 명사절(목적어)

귀하께서는 다가오는 워크숍이 취소되었다는 것에 주목하셔야 합니다.

The good news is that the demand for leather has skyrocketed.
　　① 주어　　③ 동사　　② 명사절(보어)

좋은 소식은 가죽에 대한 수요가 급등해 왔다는 것이다.

구문 분석 연습 ✎

아래 예문들을 통해 오늘 학습한 구문독해를 연습해 보세요.

정답 및 해석 p. 26

1

Students should know that copying other students' work is
unacceptable.

• 명사 역할을 하는 절에 밑줄을 긋고, 우리말 해석을 완성해 보세요.

①_____ ②_____
_____ ③_____ .

어휘

student 학생 should ~해야 한다 know ~을 알다 copy ~을 베끼다, 복사하다 other 다른 work 작업물, 작품 unacceptable 용납될 수 없는

2

Medical researchers will determine whether the new pain
medication causes negative side effects.

• 명사 역할을 하는 절에 밑줄을 긋고, 우리말 해석을 완성해 보세요

①_____ ②_____
_____ ③_____ .

어휘

medical 의학의 researcher 연구자 will ~할 것이다, ~일 것이다 determine ~을 알아내다 new 새로운 pain medication 진통제 cause ~을 야기하다, 발생시키다 negative 부정적인 side effect 부작용

3

The manager of the sales team questioned if the company's Web site is safe from cyber-attacks.

• 명사 역할을 하는 절에 밑줄을 긋고, 우리말 해석을 완성해 보세요.

① _____ ② _____

_____ ③ _____ .

어휘

manager 부장, 관리자 of (소속) ~의 sales team 영업팀 question ~을 질문하다 company 회사 Web site 웹 사이트 safe 안전한
from ~로부터 cyber-attack 사이버 공격

4

The advertisement for the new cell phone indicates that it can take photographs underwater.

• 명사 역할을 하는 절에 밑줄을 긋고, 우리말 해석을 완성해 보세요.

① _____ ② _____

_____ ③ _____ .

어휘

advertisement 광고 for (대상) ~에 대한 new 새로운 cell phone 핸드폰 indicate ~을 나타내다 can ~할 수 있다 take
photographs 사진을 찍다 underwater 수중에서, 물 속에서

Unit 14 긴 절이 명사로 쓰일 때 해석하기 ②

앞서 배운 whether, if, that 외에도 what, who, where, when, why, which, how 등과 같은 의문사가 명사절 접속사 역할을 하는 '의문사 명사절'도 있습니다.

> **주어(명사절)** + **동사** + **목적어/보어(명사절)**
> What we will discuss
> Who enjoys meeting new people
> when the movie will end
> which one best suited me

 ### 의문사 명사절의 위치

 의문사로 시작하는 명사절도 동사 앞이나 뒤에 위치해 문장에서 주어, 목적어, 또는 보어의 역할을 할 수 있습니다.

Why the number of vegetarians is increasing is the topic of my report.
의문사 명사절(주어)　　　　　동사

A meeting room without a projector was not what our team wanted.
동사　　　의문사 명사절(보어)

 특히, 의문사로 시작하는 명사절은 전치사 뒤에도 위치할 수 있습니다. 주로 '~에 대한'이라는 뜻의 전치사 about 뒤에서 주제 등의 내용을 나타냅니다.

The architect is thinking about what would suit the surrounding landscape.
전치사　　　의문사 명사절

Customers sent us e-mails about when the new device will be launched.
전치사　　　의문사 명사절

위 예문의 what과 when 의문사 명사절은 둘 다 전치사 about 뒤에 위치해 '건축가가 생각하고 있는 주제'나 '고객들이 이메일을 보낸 내용'을 설명하고 있습니다.

의문사 명사절 해석하기

의문사 명사절을 이끄는 what, who, where, when, why, which, how 등도 명사절 접속사라고 부르는데, 문장에 이러한 접속사로 시작하는 명사절이 있다면 「(명사절의 주어) → 명사절 접속사 → (명사절의 수식어) → 명사절의 동사(+ 목적어/보어)」의 순서로 해석하고, 명사절의 동사 뜻에 '~인지'를 붙여 해석합니다.

의문사 명사절

I will find out <u>when the next limousine is scheduled to leave</u>.
　　　　　　　 ② 명사절 접속사　 ① 주어　　　　　　　　 ③ 동사

제가 다음 리무진이 언제 떠나도록 예정되어 있는지 알아볼게요.

의문사 명사절

The board should choose <u>who will lead the presentation at the conference</u>.
　　　　　　　　　 ① 명사절 접속사　 ③ 동사 + 목적어　　　 ② 수식어

이사회는 누가 컨퍼런스에서 발표를 이끌 것인지 정해야 한다.

의문사 명사절도 whether, if, that 명사절처럼 주로 동사의 목적어 또는 전치사 about 뒤에 자주 쓰입니다. 목적어의 역할을 하는 의문사 명사절이 포함된 문장 전체를 해석할 때는 「주어 → 의문사 명사절(목적어) → (전치사 about) → 동사」 순으로 해석합니다.

The event organizers should predict <u>how many people will come to the event</u>.
　　　　① 주어　　　　　　 ③ 동사　　　　　　 ② 의문사 명사절(목적어)

행사 기획자들은 얼마나 많은 사람들이 행사에 올 것인지를 예측해야 한다.

Filmmaker Martin Maxwell talked about <u>what inspired him to make his film</u>.
　　　　① 주어　　　　　 ④ 동사　 ③ 전치사　　　 ② 의문사 명사절

영화 제작자 마틴 맥스웰 씨는 무엇이 그의 영화를 만들도록 그에게 영감을 주었는지에 대해 이야기했다.

TIP 켈리쌤 구문 뽀개기

의문사로 시작하는 명사절 접속사 중 특히 which는 바로 뒤에 명사와 함께 쓰일 수 있어요. 해석은 문장에 쓰인 순서대로 「which (어느) → 명사(전공)」라고 해석합니다. 따라서 아래 예문은 '나는 쉘리가 어느 전공을 대학에서 선택할 것인지 듣지 못했다'라고 해석되는 거죠.

I have not heard **which major** Shelly will choose in college.
　　　　　　　　　　　 명사절

아래 예문들을 통해 오늘 학습한 구문독해를 연습해 보세요.   정답 및 해석 p. 28

1

> Mr. Simpson inquired about how he could apply for the vacant
>
> position.

• 명사 역할을 하는 절에 밑줄을 긋고, 우리말 해석을 완성해 보세요.

①_____ ②_____

_____ ③_____ ④_____.

어휘

inquire ~을 문의하다 about ~에 대해 can ~ 할 수 있다(과거형 could) apply for ~에 지원하다 vacant position 공석

2

> Commuters should consider which transport they plan to use
>
> on a daily basis.

• 명사 역할을 하는 절에 밑줄을 긋고, 우리말 해석을 완성해 보세요.

①_____ ②_____

_____ ③_____.

어휘

commuter 통근자 should ~해야 한다 consider ~을 고려하다 transport 교통 수단 plan to do ~할 계획이다 use ~을 이용하다
on a daily basis 매일

3

David asked about when the rooms will be available

by calling Hill Resort.

• 명사 역할을 하는 절에 밑줄을 긋고, 우리말 해석을 완성해 보세요.

① _____ 힐 리조트에 전화함으로써 ② _____

_____ ③ _____ ④ _____ .

어휘

ask ~을 문의하다 about ~에 대해 room 객실 will ~일 것이다 available 이용 가능한, 사용 가능한 by -ing ~함으로써 call ~에 전화하다

4

The marketing team is discussing where they will put the

advertisement for the new application.

• 명사 역할을 하는 절에 밑줄을 긋고, 우리말 해석을 완성해 보세요.

① _____ ② _____

_____ ③ _____ .

어휘

marketing team 마케팅팀 discuss ~을 논의하다 will ~할 것이다 put the advertisement 광고를 내다 for ~을 위해 new 새로운 application 어플리케이션, 응용 프로그램

Unit 15 등위접속사 구문 해석하기

앞서 배운 부사절 접속사와 명사절 접속사 외에 영어 문장에서 가장 많이 사용되는 접속사는 바로 '등위접속사' 입니다. '등위'는 동등한 관계에 있다는 뜻이므로 등위접속사는 동등한 관계에 있는 것들을 연결시킬 수 있는 접속사를 의미합니다. 따라서 등위접속사는 두 개의 단어, 구, 그리고 절을 연결할 수 있습니다.

> ### 단어/구/절 + 등위접속사 + 단어/구/절
>
> We received a copy of your photo ID **and** a confirmation letter.
> A local author will read from his **or** her work.
> Applicants with a degree are preferred, **but** it is not required.
> Mr. Schultz promised pay raises, **so** he received applause.

등위접속사의 위치

등위접속사는 단어와 단어, 구와 구, 또는 절과 절을 연결하므로 연결되는 각 요소 사이에 위치합니다. 또한, 등위접속사로 연결되는 요소들은 수식의 역할을 하는 것이 아니고 동등하게 연결되므로 동일한 형태를 가져야 합니다.

You must bring the original receipt and the item to receive a refund.
　　　　　　　　　　단어　　　　등위접속사　단어

Patients may make an appointment by calling the office or by using our app.
　　　　　　　　　　　　　　　　　　구　　　　등위접속사　　구

I called Mr. Flint last night, but he didn't answer.
　　　　　　　　절　　　　　　등위접속사　　절

TIP 켈리쌤 구문 뽀개기

등위접속사가 포함된 구문에서 반복되는 부분은 생략할 수 있어요. 원어민들은 똑같은 단어를 반복적으로 사용하는 것을 매우 싫어하는데, 대화뿐만 아니라 글을 쓸 때도 마찬가지예요. 따라서 등위접속사가 연결하는 요소가 동일한 모양을 갖춰야 하지만, 모양이 완전히 똑같지 않다면 반복되는 부분이 문장에서 생략된 것이므로 당황하지 마세요!

Ms. Carter had a meeting with a client **and** (she) left for the convention.
　　　　　　　　　　　　　　　　　　등위접속사

등위접속사 해석하기

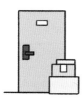

등위접속사의 종류에는 and, or, but, so가 있습니다. 등위접속사 and는 두 가지 요소를 차례로 연결할 때 쓰이며, '그리고, ~와/과'라고 해석합니다. or은 둘 중 하나를 선택할 때 쓰이며, '또는, ~거나'라고 해석합니다.

I am writing to thank you for your orders and (to) answer your request.
귀하의 주문에 대해 감사드리기 위해　　그리고　　귀하의 요청에 답변하기 위해

We will begin selling tickets for the opera on Friday or (on) Saturday.
금요일에　　또는　　토요일에

등위접속사 but은 앞서 언급된 내용과 상반된 내용을 말할 때 사용하는 접속사로, '그러나, 하지만'이라고 해석합니다. so는 '그러므로, 그래서'라는 뜻으로 so 앞에는 원인에 해당하는 내용이, 뒤에는 결과를 나타내는 내용이 제시됩니다.

I need to print out some documents, but the computer is not working.
저는 몇몇 문서들을 출력해야 합니다　　그러나　　컴퓨터가 작동하지 않습니다

Our parking area is under construction, so you cannot park there.
저희 주차 구역이 공사 중입니다　　그래서　귀하께서는 그곳에 주차하실 수 없습니다

등위접속사가 포함된 단어나 구를 해석할 때는 「단어/구 + 등위접속사 + 단어/구」를 하나의 덩어리로 묶어 순서대로 해석하고, 절을 해석할 때는 「절 → 등위접속사 → 절」의 순서로 문장에 쓰인 대로 해석합니다.

You can pay by credit card or in cash for your purchase at the store.
① 주어　⑤ 동사　　ⓐ 구 + 등위접속사 + 구　　③ 수식어구 2　　② 수식어구 1

귀하께서는 매장에서 귀하의 구매품에 대해 신용카드 또는 현금으로 지불하실 수 있습니다.

The product was released 10 years ago, but it is still selling well.
① 절　　②등위접속사　③ 절

그 제품은 10년 전에 출시되었지만, 여전히 잘 판매되고 있다.

구문 분석 연습 ✏️

아래 예문들을 통해 오늘 학습한 구문독해를 연습해 보세요.

정답 및 해석 p. 30

1

Travelers are advised to seek shelter and remain there

until the hurricane passes.

• 등위접속사와 등위접속사가 연결하는 요소에 밑줄을 긋고, 우리말 해석을 완성해 보세요.

허리케인이 지나갈 때까지 ① _____ ② _____

_____ ③ _____ .

어휘

traveler 여행객 be advised to do ~하는 것이 권장된다 seek ~을 찾다, 구하다 shelter 대피처, 피신처 remain ~에 남아 있다 there 그곳에, 거기에 until ~까지 hurricane 허리케인 pass 지나가다

2

Food will not be available at the event, but attendees can leave

the venue to eat.

• 등위접속사와 등위접속사가 연결하는 요소에 밑줄을 긋고, 우리말 해석을 완성해 보세요.

① _____ ,

② _____ .

어휘

food 음식 will ~일 것이다, ~할 것이다 available 이용 가능한, 구입 가능한 at (장소) ~에서 event 행사 attendee 참석자 can ~할 수 있다 leave ~를 떠나다 venue 행사 장소 eat 먹다

3

We have few complaints from our customers, so we don't need customer service training right now.

• 등위접속사와 등위접속사가 연결하는 요소에 밑줄을 긋고, 우리말 해석을 완성해 보세요.

① _____ ,

② _____ .

어휘

have complaints 불만사항을 받다 few 적은, 약간의 from ~로부터 customer 고객, 손님 need ~을 필요로 하다 training 교육 right now 지금 당장

4

During the installation, anyone entering or leaving the building should sign in with our security staff.

• 등위접속사와 등위접속사가 연결하는 요소에 밑줄을 긋고, 우리말 해석을 완성해 보세요.

설치 동안에, ① _____

저희 보안 직원과 함께 ② _____ .

어휘

during ~동안에, ~중에 installation 설치 anyone 누구든지 enter ~에 들어가다, 출입하다 leave ~를 나가다, 떠나다 building 건물 should ~해야 한다 sign in 서명하다 with ~와 함께 security staff 보안 직원

시원스쿨 **LAB**

시원스쿨
구문
독해

워크북

영어시험 대비를 위해 심화 구문독해 지문을 수록하였습니다.
실제 여러 시험의 기출변형 문제를 풀면서 배운 이론을 적용해 보세요.

정답 및 해석 p. 34

1

Maria Montessori was an Italian physician and educator. **She is known for developing a teaching method called Montessori education.** This method teaches children independence.

□ physician (내과)의사
□ educator 교육자
□ be known for ~으로 알려져 있다, 유명하다
□ develop ~을 개발하다
□ teaching method 교수법, 교습 방법
□ education 교육
□ teach ~을 가르치다
□ independence 독립성

Q1. 굵게 표시된 문장의 주어와 동사에 밑줄을 긋고 표시해 보세요.

Q2. 영어 문장 해석 순서를 생각하면서, 아래 문제를 풀어보세요.

What is Maria Montessori known for?
(A) A medical technique
(B) A method of teaching

□ medical 의료의
□ technique 기술

2

Moderate alcohol consumption can prevent strokes. Regardless of the type of alcohol, the protective effect of moderate drinking has been well-established by researchers.

□ moderate 적당한
□ consumption 섭취
□ prevent ~을 예방하다
□ stroke 뇌졸중
□ regardless of ~와 상관없이
□ protective effect 예방 효과
□ well-established 확립된
□ researcher 연구자

Q1. 굵게 표시된 문장의 주어와 동사에 밑줄을 긋고 표시해 보세요.

Q2. 영어 문장 해석 순서를 생각하면서, 아래 문제를 풀어보세요.

What is the main idea of the passage?
(A) Alcohol reduces stroke risk.
(B) Alcohol drinking should go with exercise.

□ reduce ~을 줄이다
□ risk 위험
□ go with ~와 병행하다, 함께 가다
□ exercise 운동

3

Best Tyres announced price increases last week. **The recent hike in the price of raw materials has made it impossible to keep the same prices.**

| □ announce ~을 발표하다 |
| □ price increase 가격 인상 |
| □ recent 최근의 |
| □ hike 급등 |
| □ raw material 원자재 |
| □ make it impossible to do
 ~하는 것을 불가능하게 하다 |

Q1. 굵게 표시된 문장의 주어와 동사에 밑줄을 긋고 표시해 보세요.

Q2. 영어 문장 해석 순서를 생각하면서, 아래 문제를 풀어보세요.

What is the cause of the price increase?
(A) The economic slowdown
(B) The materials cost

| □ cause 원인 |
| □ economic slowdown 경기 둔화 |
| □ cost 비용 |

4

We will be opening an additional shift. **Current employees who would like to take it will earn an extra 50% of their pay per hour.** Interested employees should send an application to Carrie Waters.

| □ additional 추가의 |
| □ shift 교대 근무 |
| □ current 현재의 |
| □ extra 추가의 |
| □ earn ~을 얻다 |
| □ per hour 시간당 |
| □ interested 관심 있는 |

Q1. 굵게 표시된 문장의 주어와 동사에 밑줄을 긋고 표시해 보세요.

Q2. 영어 문장 해석 순서를 생각하면서, 아래 문제를 풀어보세요.

What is offered to employees that will work the new shift?
(A) A higher wage
(B) Extra time off

| □ offer ~을 제공하다 |
| □ wage 급여 |
| □ time off 휴가 |

1

Ecological parks in urban areas provide green spaces for visitors. **They usually offer them facilities like playgrounds, gardening areas, hiking trails, and sports center.**

☐ ecological park 생태 공원
☐ urban area 도심 지역
☐ provide ~을 제공하다
☐ visitor 방문객
☐ usually 보통
☐ offer ~을 제공하다
☐ facility 시설
☐ hiking trail 하이킹 코스

Q1. 굵게 표시된 문장의 목적어(사람 목적어/사물 목적어)에 밑줄을 긋고 표시해 보세요.

Q2. 영어 문장 해석 순서를 생각하면서, 아래 문제를 풀어보세요.

☐ attend ~에 참석하다
☐ community 지역
☐ take a walk 산책하다

What can people do in ecological parks?
(A) Attend community concerts
(B) Take a walk on the trails

2

Business instructor John Chang will be offering a special seminar on business management on May 5. **He will discuss effective strategies and techniques for maximizing productivity.**

☐ instructor 강사
☐ management 경영
☐ discuss ~에 대해 논의하다
☐ effective 효과적인
☐ strategy 전략
☐ technique 기술
☐ maximize ~을 극대화하다
☐ productivity 생산성

Q1. 굵게 표시된 문장의 목적어(사람 목적어/사물 목적어)에 밑줄을 긋고 표시해 보세요.

Q2. 영어 문장 해석 순서를 생각하면서, 아래 문제를 풀어보세요.

☐ purpose 목적
☐ way 방법
☐ communication 의사소통
☐ skill 기술

What is the purpose of the seminar?
(A) To discuss effective ways to do business
(B) To demonstrate his communication skills

3

Sala Furniture will expand its showroom and storage area in order to stock a larger variety of items. The renovations will take place from December 1 to February 28, but our online store will still be operational.

Q1. 굵게 표시된 문장의 목적어(사람 목적어/사물 목적어)에 밑줄을 긋고 표시해 보세요.

Q2. 영어 문장 해석 순서를 생각하면서, 아래 문제를 풀어보세요.

What does Sala Furniture plan to do?
(A) It will launch a Web site.
(B) It will remodel its store.

4

Moderate sunshine can have numerous benefits on humans, both physically and psychologically. It can strengthen bones and potentially inhibit the growth of some cancers. It also reduces mood disorders such as seasonal affective disorder.

Q1. 굵게 표시된 문장의 목적어(사람 목적어/사물 목적어)에 밑줄을 긋고 표시해 보세요.

Q2. 영어 문장 해석 순서를 생각하면서, 아래 문제를 풀어보세요.

What is the main topic of the passage?
(A) Sunlight will cause harm to our skin.
(B) Sunshine can help our body and mind.

❶

Effective today, we would like to inform all employees that **each of you will be responsible for cleaning the staff break room.** A schedule will be put up at 8:30 A.M. each Monday, so you should check it before you begin work.

□ effective + 날짜 ~부터
□ would like to do ~하고자 하다
□ inform A that A에게 ~라는 것을 알려주다
□ be responsible for ~에 책임을 지다
□ staff break room 직원 휴게실
□ schedule 일정(표)
□ put up ~을 게시하다

Q1. 굵게 표시된 문장의 보어에 밑줄을 긋고 표시해 보세요.

Q2. 영어 문장 해석 순서를 생각하면서, 아래 문제를 풀어보세요.

What is the purpose of the memo?
(A) To announce a new policy
(B) To advertise a cleaning product

□ purpose 목적
□ announce ~을 알리다
□ policy 정책
□ advertise ~을 광고하다
□ cleaning product 청소용품

❷

Mayan Insurance can make plans tailored for you. If you are not at risk of certain natural disasters, you do not have to include those options in your plan, unlike many of our competitors. For more information, check out www.mayaninsurance.com.

□ tailored 맞춤형의
□ at risk 위험한 상태인
□ certain 특정한
□ natural disaster 자연재해
□ include ~을 포함하다
□ unlike ~와 달리
□ competitor 경쟁업체

Q1. 굵게 표시된 문장의 보어에 밑줄을 긋고 표시해 보세요.

Q2. 영어 문장 해석 순서를 생각하면서, 아래 문제를 풀어보세요.

Which is correct about Mayan Insurance?
(A) Its coverage is the largest in the region.
(B) It allows for customers to select each coverage.

□ coverage 보장 범위
□ largest 가장 큰
□ region 지역
□ allow ~하게 해주다
□ select ~을 선택하다

❸

I wanted to thank you for taking the time to show me the facility yesterday. It looks good for our company's new location. The size is perfect, and **the location is very convenient for highway access.** However, I have a couple of quick questions about the property.

- take the time to do ~할 시간을 내주다
- facility 시설
- location 위치
- convenient 편리한
- highway 고속도로
- access 이용
- however 하지만
- a couple of 두어 가지
- property 건물

Q1. 굵게 표시된 문장의 보어에 밑줄을 긋고 표시해 보세요.

Q2. 영어 문장 해석 순서를 생각하면서, 아래 문제를 풀어보세요.

What is true about the facility?
(A) It has underground parking.
(B) It is not far from the highway.

- true 사실인
- underground parking 지하 주차장
- far from ~에서 멀리 떨어진

❹

Rising sea levels may be a problem for food production because land would become covered with sea water. So, researchers previously tried to develop carrots that can grow in salty soil. **However, at the moment, the most exciting development has been the growth of potatoes.**

- rising 증가하는
- sea level 해수면
- production 생산
- covered with ~로 뒤덮인
- previously 이전에
- develop ~을 개발하다
- soil 토양
- at the moment 현재
- development 발전
- growth 성장

Q1. 굵게 표시된 문장의 보어에 밑줄을 긋고 표시해 보세요.

Q2. 영어 문장 해석 순서를 생각하면서, 아래 문제를 풀어보세요.

What vegetable is currently being researched?
(A) Carrots
(B) Potatoes

- vegetable 채소
- currently 현재
- research ~을 연구하다

①

To stay on schedule requires the efforts of every staff member for the success of our project. Therefore, please actively cooperate with each other. Your dedication to meet the deadline will help make our project successful.

- ☐ stay on (일정 등을) 맞추다
- ☐ require ~을 필요로 하다
- ☐ effort 노력
- ☐ therefore 그러므로
- ☐ actively 적극적으로
- ☐ cooperate 협조하다
- ☐ dedication 헌신
- ☐ meet the deadline 마감일을 맞추다
- ☐ successful 성공적인

Q1. 굵게 표시된 문장의 주어를 찾아 해석해 보세요.

- 주어:

Q2. 영어 문장 해석 순서를 생각하면서, 아래 문제를 풀어보세요.

Why is meeting the deadline important?
(A) For project success
(B) For effective communication

- ☐ important 중요한
- ☐ effective 효과적인

②

Atraxo Chemicals has finalized its acquisition of Tirion Corporation, and work on the manufacturing plant will restart immediately. **"Filling job vacancies will begin in August before we are fully operational,"** stated Amy Jacky, a spokeswoman for Atraxo.

- ☐ finalize ~을 마무리 짓다
- ☐ acquisition 인수
- ☐ manufacturing plant 제조 공장
- ☐ immediately 즉시
- ☐ job vacancy 일자리 공석
- ☐ fully 제대로
- ☐ operational 운영하는
- ☐ state ~을 말하다
- ☐ spokeswoman 대변인

Q1. 굵게 표시된 문장의 주어를 찾아 해석해 보세요.

- 주어:

Q2. 영어 문장 해석 순서를 생각하면서, 아래 문제를 풀어보세요.

What will happen in August?
(A) A company will begin recruiting workers.
(B) A factory will start production.

- ☐ happen (일이) 일어나다
- ☐ recruit ~을 채용하다
- ☐ factory 공장
- ☐ production 생산

3

What was initially known as Comet 1847 was discovered by Maria Mitchell, and it was eventually named "Miss Mitchell's Comet" in her honor. She first announced her discovery in *Silliman's Journal* in 1848 under her father's name.

Q1. 굵게 표시된 문장의 주어를 찾아 해석해 보세요.

• 주어:

Q2. 영어 문장 해석 순서를 생각하면서, 아래 문제를 풀어보세요.

What is Maria Mitchell known for?
(A) Obtaining the first degree in astronomy
(B) Making an astronomical discovery

4

As a staff member of the online sales division at Mina's Boutique, you are responsible for ensuring our customers' satisfaction. Customers expect to receive the right products, **so it is vital to avoid errors when processing online orders.**

Q1. 굵게 표시된 문장의 주어를 찾아 해석해 보세요.

• 주어:

Q2. 영어 문장 해석 순서를 생각하면서, 아래 문제를 풀어보세요.

What is the announcement mainly about?
(A) The importance of dealing with orders correctly
(B) How online feedback measures customer satisfaction

1

Most of our security experts have suggested updating our Web site. However, **we are avoiding using extra budget for this quarter,** so we will have to postpone the improvements.

☐ security 보안
☐ expert 전문가
☐ suggest ~을 제안하다
☐ avoid ~을 피하다
☐ budget 예산
☐ quarter 분기
☐ postpone ~을 연기하다
☐ improvement 개선

Q1. 굵게 표시된 문장의 목적어를 찾아 해석해 보세요.

  • 목적어:

Q2. 영어 문장 해석 순서를 생각하면서, 아래 문제를 풀어보세요.

Why was the update of the Web site delayed?
(A) Because of a staff shortage
(B) Because of budget limitations

☐ delay ~을 연기하다
☐ because of ~ 때문에
☐ shortage 부족
☐ limitation 제한

2

Topics of conversations don't need to be complicated. The key is to have a relaxing conversation that is not dull. **You should try to talk about simple and pleasant topics that most people enjoy, such as family, experiences, and dreams.**

☐ topic 주제
☐ complicated 복잡한
☐ relaxing 편안한
☐ dull 지루한
☐ pleasant 즐거운
☐ experience 경험

Q1. 굵게 표시된 문장의 목적어를 찾아 해석해 보세요.

  • 목적어:

Q2. 영어 문장 해석 순서를 생각하면서, 아래 문제를 풀어보세요.

What is the main topic of the passage?
(A) How to finish a conversation with new people
(B) How to find interesting topics of conversation

☐ finish ~을 끝내다
☐ find ~을 찾다
☐ interesting 흥미로운

3

We have been charged for a room with queen beds which we did not reserve. I assume you will cancel this part of our reservation. **However, I'm wondering what must be done in order to remove the wrong charge from my credit card records.**

Q1. 굵게 표시된 문장의 목적어를 찾아 해석해 보세요.

• 목적어:

Q2. 영어 문장 해석 순서를 생각하면서, 아래 문제를 풀어보세요.

What information does the writer request?
(A) How to obtain a refund
(B) How to extend a booking

4

Professionally Yours is offering a set of workshops for HR managers. **Award-winning author Peter Leland will discuss how corporate culture affects the bottom line,** and information on income tax will be presented by a local lawyer, Brown Lyons.

Q1. 굵게 표시된 문장의 목적어를 찾아 해석해 보세요.

• 목적어:

Q2. 영어 문장 해석 순서를 생각하면서, 아래 문제를 풀어보세요.

Who has written a book?
(A) Peter Leland
(B) Brown Lyons

1

I am a video conferencing program developer, and I would like to invite you to be an investor. Most of the project details have been planned out, and **all I need is to raise 1,500 dollars to fulfill my goal.** If you want to hear more about the project, you can reach me anytime at 555-0101.

□ developer 개발자
□ invite ~을 초대하다
□ investor 투자자
□ details 세부사항
□ plan out 세심히 계획을 세우다
□ raise ~을 모금하다
□ fulfill ~을 성취하다
□ reach ~에게 연락이 닿다

Q1. 굵게 표시된 문장의 보어를 찾아 해석해 보세요.

• 보어:

Q2. 영어 문장 해석 순서를 생각하면서, 아래 문제를 풀어보세요.

Why was the letter sent?
(A) To ask for financial support
(B) To apply for a program developer position

□ ask for ~을 요청하다
□ financial support 재정적 지원
□ apply for ~에 지원하다
□ position 직무

2

Dear Ms. Fines,

Thank you for joining the Oceanview Tenants Association. The tenants association meets on the 10th of every month. **Thus, we encourage all members to attend these meetings to discuss neighborhood issues.**

□ join ~에 합류하다
□ association 협회
□ tenant 세입자
□ thus 그러므로
□ encourage A to do A가 ~하는 것을 권장하다
□ attend a meeting 회의에 참석하다
□ neighborhood 이웃

Q1. 굵게 표시된 문장의 보어를 찾아 해석해 보세요.

• 보어:

Q2. 영어 문장 해석 순서를 생각하면서, 아래 문제를 풀어보세요.

What is Ms. Fines asked to do?
(A) Invite guests to her apartment
(B) Participate in monthly meetings

□ be asked to do ~하도록 요청 받다
□ participate in ~에 참가하다
□ monthly 월간의

3

Board members discussed several issues yesterday. **The main topic was deciding what to do with the empty floor of our office building.** It was occupied by the marketing team before those employees merged with the advertising team.

- □ board members 이사회
- □ decide ~을 결정하다
- □ empty 비어 있는
- □ occupy ~을 사용하다
- □ merge with ~을 합치다

Q1. 굵게 표시된 문장의 보어를 찾아 해석해 보세요.

- 보어:

Q2. 영어 문장 해석 순서를 생각하면서, 아래 문제를 풀어보세요.

What does the passage mainly discuss?
(A) Uses for part of a building
(B) Ways to reduce renovation expenses

- □ use 용도
- □ way to do ~할 방법
- □ expense 비용

4

When you are traveling in Mexico, please contact One-to-One Tours. Our customers can enjoy private tours with a knowledgeable local guide. **Also, we advise you to make reservations for private tours at least two weeks in advance.**

- □ contact ~에 연락하다
- □ private tour 개인 여행
- □ knowledgeable 박식한
- □ local 지역의
- □ advise A to do A에게 ~할 것을 권고하다
- □ make a reservation 예약하다
- □ at least 적어도
- □ in advance 미리

Q1. 굵게 표시된 문장의 보어를 찾아 해석해 보세요.

- 보어:

Q2. 영어 문장 해석 순서를 생각하면서, 아래 문제를 풀어보세요.

What does One-to-One Tours suggest customers do?
(A) Recommend the tour agency to their family
(B) Book their tour early

- □ suggest ~을 제안하다
- □ recommend ~을 추천하다
- □ book ~을 예약하다

1

Perseus Direct has partnered with more than 3,000 businesses, and **we are ready to pick up various items for you and bring them to your door.** From fresh produce to exercise equipment, we can get anything to you.

- □ partner with ~와 제휴하다
- □ business 사업체
- □ be ready to do ~할 준비가 되다
- □ pick up ~을 찾아오다
- □ various 다양한
- □ bring A to B A를 B로 가져다주다
- □ produce 농산물
- □ equipment 기구

Q1. 굵게 표시된 문장에서 형용사(분사)와 수식받는 명사를 찾아 해석해 보세요.

① 형용사(분사):

② 수식받는 명사:

Q2. 영어 문장 해석 순서를 생각하면서, 아래 문제를 풀어보세요.

- □ grocery store 식료품점
- □ delivery 배달

What kind of business is Perseus Direct?
(A) A grocery store
(B) A delivery service

2

Companies in all industries are striving to optimize their workforce. To keep their gifted employees, **they need to give workers chances to improve existing skills.** This will make workers less likely to change careers.

- □ industry 산업
- □ strive to do ~하기 위해 노력하다
- □ optimize ~을 최적화하다
- □ workforce 인력
- □ gifted 재능이 있는
- □ improve ~을 향상시키다
- □ existing 기존의
- □ less likely to do 덜 ~할 것 같은

Q1. 굵게 표시된 문장에서 형용사(분사)와 수식받는 명사를 찾아 해석해 보세요.

① 형용사(분사):

② 수식받는 명사:

Q2. 영어 문장 해석 순서를 생각하면서, 아래 문제를 풀어보세요.

- □ suggest ~을 제시하다
- □ hire ~을 고용하다
- □ retention 보유, 유지

What is the main topic of the passage?
(A) Suggesting strategies to hire new employees
(B) Providing opportunities to maintain staff retention

3

Sometimes, we need to make difficult decisions in our lives. When the time comes, you should consider all the consequences of each decision. **And then, I recommend focusing on positive outcomes instead of the negatives.**

□ sometimes 때때로
□ need to do ~할 필요가 있다
□ consider ~을 고려하다
□ consequence 결과
□ recommend -ing ~하는 것을 추천하다
□ focus on ~에 집중하다
□ positive outcome 긍정적인 결과
□ instead of ~ 대신에
□ negative 부정적 측면

Q1. 굵게 표시된 문장에서 형용사(분사)와 수식받는 명사를 찾아 해석해 보세요.

① 형용사(분사):

② 수식받는 명사:

Q2. 영어 문장 해석 순서를 생각하면서, 아래 문제를 풀어보세요.

What approach is recommended?
(A) Considering the potential negatives
(B) Paying attention to positive outcomes

□ approach 접근법
□ pay attention to ~에 집중하다

4

I have enclosed a document about each department, including an overview of the tasks that you would carry out. **Please go over the detailed descriptions so that you can mark the department you prefer.**

□ enclose a document 서류를 첨부하다
□ including ~을 포함한
□ overview 개요
□ carry out ~을 수행하다
□ go over ~을 검토하다
□ detailed 자세히 설명된
□ description 설명서
□ so that ~하도록
□ mark ~에 표시하다
□ prefer ~을 선호하다

Q1. 굵게 표시된 문장에서 형용사(분사)와 수식받는 명사를 찾아 해석해 보세요.

① 형용사(분사):

② 수식받는 명사:

Q2. 영어 문장 해석 순서를 생각하면서, 아래 문제를 풀어보세요.

What is the recipient of the letter asked to review?
(A) A document listing different duties
(B) An overview of the hiring procedure

□ recipient 수령인
□ list ~을 목록화하다
□ duty 직무
□ hiring procedure 고용 절차

1

> **All confidential documents must be properly sealed before you send them to the headquarters.** Make sure that you place the documents in an appropriate packaging. After that, you should call the designated courier.

- ☐ confidential 기밀의
- ☐ properly 제대로
- ☐ seal ~을 밀봉하다
- ☐ headquarters 본사
- ☐ make sure that ~라는 것을 확실히 하다
- ☐ appropriate 적절한
- ☐ packaging 포장(물)
- ☐ designated 지정된
- ☐ courier 택배 회사

Q1. 굵게 표시된 문장에서 부사와 수식받는 동사(형용사)를 찾아 해석해 보세요.

① 부사:

② 수식받는 동사(형용사):

Q2. 영어 문장 해석 순서를 생각하면서, 아래 문제를 풀어보세요.

What should be done before sending the documents?
(A) Make a copy of the documents
(B) Seal the documents securely

- ☐ make a copy 사본을 만들다
- ☐ securely 안전하게

2

> Many people show clear signs of a problem before they take their own lives. **What's noteworthy is that medical intervention is fairly effective.** So, if you see any signs, you should contact a medical professional immediately.

- ☐ clear 분명한
- ☐ sign 징후, 징표
- ☐ take one's own life 자살하다
- ☐ noteworthy 주목할 만한
- ☐ medical intervention 의료적 개입
- ☐ fairly 상당히
- ☐ effective 효과적인
- ☐ medical professional 전문 의료진
- ☐ immediately 즉시

Q1. 굵게 표시된 문장에서 부사와 수식받는 동사(형용사)를 찾아 해석해 보세요.

① 부사:

② 수식받는 동사(형용사):

Q2. 영어 문장 해석 순서를 생각하면서, 아래 문제를 풀어보세요.

What is the main idea of the passage?
(A) Medical treatment doesn't help in preventing suicides.
(B) Suicide can be prevented with medical intervention.

- ☐ medical treatment 의학적 치료
- ☐ prevent ~을 막다, 예방하다
- ☐ suicide 자살

3

The ancient Olympic Games were festivals held religiously every four years in Olympia, Greece. The Olympic Games were successful until 5 BC, **but gradually lost importance after the Romans conquered Greece.**

Q1. 굵게 표시된 문장에서 부사와 수식받는 동사(형용사)를 찾아 해석해 보세요.

① 부사:

② 수식받는 동사(형용사):

Q2. 영어 문장 해석 순서를 생각하면서, 아래 문제를 풀어보세요.

What made the ancient Olympics become unpopular?
(A) The introduction of new sports
(B) The conquest of Greece by the Romans

4

The city council approved a proposal to widen a frequently congested road by Interstate 63. As such, work on Dorris Road is set to start next month. Mayor James advises drivers to take detours to reduce traffic.

Q1. 굵게 표시된 문장에서 부사와 수식받는 동사(형용사)를 찾아 해석해 보세요.

① 부사:

② 수식받는 동사(형용사):

Q2. 영어 문장 해석 순서를 생각하면서, 아래 문제를 풀어보세요.

What is the purpose of the article?
(A) To explain a plan for improvements
(B) To take a poll on residents' opinions

1

We are delighted to introduce our plan to start publishing a weekly magazine, *Toronto Buzz*. It will feature concert listings, interviews with local musicians, and reviews written by in-house writers.

☐ be delighted to do ~하게 되어 기쁘다
☐ introduce ~을 소개하다
☐ publish ~을 출간하다
☐ feature ~을 특징으로 하다
☐ in-house writer 내부 작가

Q1. 굵게 표시된 문장에서 수식어구와 수식받는 명사를 찾아 해석해 보세요.

① 수식어구:

② 수식받는 명사:

Q2. 영어 문장 해석 순서를 생각하면서, 아래 문제를 풀어보세요.

What is the purpose of the letter?
(A) To describe a new publication
(B) To announce a subscription fee increase

☐ describe ~을 설명하다
☐ publication 출판물
☐ subscription fee 구독료
☐ increase 인상

2

I was informed by the Century Art Cinema that Auditorium A cannot be used. **As it is being renovated due to a fire caused by an electrical fault,** they proposed that we move the festival to Auditorium B.

☐ be informed by ~로부터 전달 받다
☐ renovate ~을 수리하다
☐ due to ~로 인해
☐ caused 초래된
☐ electrical fault 전기 고장
☐ propose that ~하는 것을 제안하다
☐ move A to B A를 B로 이동하다

Q1. 굵게 표시된 문장에서 수식어구와 수식받는 명사를 찾아 해석해 보세요.

① 수식어구:

② 수식받는 명사:

Q2. 영어 문장 해석 순서를 생각하면서, 아래 문제를 풀어보세요.

Why is Auditorium A an unsuitable venue?
(A) Because it is too expensive
(B) Because it is closed for repairs

☐ unsuitable 적절하지 않은
☐ venue 행사 장소
☐ expensive 비싼
☐ repair 수리

3

MK Groceries will initiate a promotion event offering incentives to new customers. **Those joining their membership program will receive points worth 10 percent of each purchase for a month.** After reaching 1,000 points, customers can pay by using their points.

□ initiate ~을 개시하다
□ promotion event 판촉행사
□ offer ~을 제공하다
□ incentive 장려금
□ join ~에 가입하다
□ worth ~ 어치의
□ purchase 구매
□ reach ~에 도달하다

Q1. 굵게 표시된 문장에서 수식어구와 수식받는 명사를 찾아 해석해 보세요.

① 수식어구:

② 수식받는 명사:

Q2. 영어 문장 해석 순서를 생각하면서, 아래 문제를 풀어보세요.

What will new customers be given during the event?
(A) Gift certificates
(B) Store credit

□ during ~ 동안
□ gift certificate 상품권
□ store credit 매장 포인트

4

I am particularly interested in your company as I have recently moved to an area where Global Transit conducts a great deal of business. **I have attached my detailed job history information with several letters of reference.** Please consider me for the advertised position.

□ particularly 특히
□ be interested in ~에 관심이 있다
□ recently 최근에
□ move to ~로 이사하다
□ conduct ~을 수행하다
□ a great deal of 많은
□ attach ~을 첨부하다
□ a letter of reference 추천서
□ position 직무

Q1. 굵게 표시된 문장에서 수식어구와 수식받는 명사를 찾아해석해 보세요.

① 수식어구:

② 수식받는 명사:

Q2. 영어 문장 해석 순서를 생각하면서, 아래 문제를 풀어보세요.

What is included in the e-mail?
(A) Recommendation letters
(B) A business card

□ include ~을 포함하다
□ recommendation letter 추천서
□ business card 명함

1

President Campbell was reelected to serve another four years in office. **He emphasized that we need to address the climate crisis in his speech.** He pledged to approve legislation aimed at carbon reduction.

□ reelect 재선하다
□ serve 역임하다
□ in office 정권을 가지고
□ emphasize that ~라고 강조하다
□ address ~을 다루다
□ climate crisis 기후위기
□ speech 연설
□ pledge to do ~할 것을 공약하다
□ legislation ~을 승인하다
□ aimed at ~을 목표로 하는
□ carbon reduction 탄소 감소

Q1. 굵게 표시된 문장에서 수식어구와 수식받는 문장을 찾아 해석해 보세요.

　① 수식어구:

　② 수식받는 문장:

Q2. 영어 문장 해석 순서를 생각하면서, 아래 문제를 풀어보세요.

□ environmental issue 환경 문제
□ economic growth 경제 성장

What was President Campbell's main focus in his speech?
(A) Environmental issues
(B) Economic growth

2

Portal Scotland compiles employment opportunity listings every month to assist recent college graduates in starting their careers. Become a member and you can log in to view our job board.

□ compile ~을 모으다
□ employment 채용
□ assist ~을 돕다
□ graduate 졸업생
□ start one's career ~의 직장 생활을 시작하다
□ board 게시판

Q1. 굵게 표시된 문장에서 수식어구와 수식받는 문장을 찾아 해석해 보세요.

　① 수식어구:

　② 수식받는 문장:

Q2. 영어 문장 해석 순서를 생각하면서, 아래 문제를 풀어보세요.

□ intend ~을 의도하다
□ recruiter 채용자, 모집자
□ job seeker 구직자

For whom is the Web page mainly intended?
(A) Recruiters
(B) Job seekers

3

Tamiya Electronics is holding an industry event on April 15 to mark the release of its new smartphone. **As a token of appreciation, they have given us 15 guest passes for the event.** If you would like one, please inform Mr. Park.

☐ hold an event 행사를 개최하다
☐ industry 업계
☐ mark ~을 기념하다
☐ release 출시
☐ as a token of ~의 표시로
☐ appreciation 감사
☐ guest pass 초대권
☐ inform ~에게 알리다

Q1. 굵게 표시된 문장에서 수식어구와 수식받는 문장을 찾아 해석해 보세요.

　① 수식어구:

　② 수식받는 문장:

Q2. 영어 문장 해석 순서를 생각하면서, 아래 문제를 풀어보세요.

☐ be offered by ~에 의해 제공되다

What was offered by Tamiya Electronics?
(A) New smartphones
(B) Event tickets

4

To relocate overseas and change your life, consider the following things. First, double-check the visa requirements for your destination country. Then, plan out your first few months of living there. Lastly, make sure to bring all necessary documents.

☐ relocate overseas 해외로 이주하다
☐ following 다음의
☐ requirement 요구사항
☐ destination 목적지
☐ plan out 계획을 세심히 세우다
☐ lastly 마지막으로
☐ necessary 필수적인

Q1. 굵게 표시된 문장에서 수식어구와 수식받는 문장을 찾아 해석해 보세요.

　① 수식어구:

　② 수식받는 문장:

Q2. 영어 문장 해석 순서를 생각하면서, 아래 문제를 풀어보세요.

☐ consideration 고려사항
☐ abroad 해외로
☐ face ~을 직면하다
☐ foreign country 외국

What is the passage mainly about?
(A) The considerations of moving abroad
(B) The problems faced in foreign countries

1

Happiness reduces stress, enhances creativity, and even prolongs one's lifespan. **However, there are some people who tend to avoid happiness.** They refuse to participate in any experience that evokes happiness.

□ happiness 행복
□ reduce ~을 감소시키다
□ enhance ~을 강화하다
□ prolong one's lifespan ~의 수명을 연장시키다
□ avoid ~을 피하다
□ refuse to do ~하는 것을 거부하다
□ participate in ~에 참가하다
□ evoke ~을 유발하다

Q1. 굵게 표시된 문장에서 수식하는 절과 수식받는 명사를 찾아 해석해 보세요.

① 수식하는 절:

② 수식받는 명사:

Q2. 영어 문장 해석 순서를 생각하면서, 아래 문제를 풀어보세요.

□ harmful 해로운
□ refrain from -ing ~하는 것을 자제하다

What is the main idea of the article?
(A) Happiness can be harmful.
(B) Some people refrain from being happy.

2

The Royal Hospital, which is based in Doha, Qatar, officially unveiled Abdul Rahmann as the new director. "Having learned so much in my home country of Kuwait, I'm excited to begin a new journey here in Qatar," said Mr. Rahmann.

□ be based in ~에 기반을 두다
□ officially 공식적으로
□ unveil ~을 발표하다
□ director 이사
□ home country 고국
□ be excited to do ~하는 것에 흥미를 느끼다
□ journey 여정

Q1. 굵게 표시된 문장에서 수식하는 절과 수식받는 명사를 찾아 해석해 보세요.

① 수식하는 절:

② 수식받는 명사:

Q2. 영어 문장 해석 순서를 생각하면서, 아래 문제를 풀어보세요.

□ be located 위치해 있다

Where is the Royal Hospital located?
(A) In Kuwait
(B) In Qatar

3

LifeStraw is a portable water filter that dispenses clean drinking water without using chemicals. Its filtration system can purify 10 liters of water, and its compact design is convenient for outdoor activities. It is the most advanced personal water filter available today.

□ portable 휴대용의
□ dispense ~을 제공하다
□ drinking water 식수
□ without ~하지 않고, ~ 없이
□ chemicals 화학약품
□ purify ~을 정화시키다
□ compact 소형의
□ outdoor activity 야외 활동
□ advanced 발전된
□ personal 개인용의
□ available 이용할 수 있는

Q1. 굵게 표시된 문장에서 수식하는 절과 수식받는 명사를 찾아 해석해 보세요.

　① 수식하는 절:

　② 수식받는 명사:

Q2. 영어 문장 해석 순서를 생각하면서, 아래 문제를 풀어보세요.

What is the most distinguishing feature of LifeStraw?
(A) It uses advanced chemical filtration methods.
(B) It does not utilize any chemicals.

□ distinguishing 특색 있는
□ feature 특징
□ filtration 정화
□ method 방법

4

We are delighted to introduce our latest play: *Memories*. **All Lothian Theater members whose membership payments are up to date can attend the opening night for free.** If you are unsure of your payment status, log in to our Web site.

□ introduce ~을 소개하다
□ latest 최신의
□ play 연극 작품
□ up to date 최신으로 되어 있는
□ for free 무료로
□ be unsure of ~이 확실치 않다
□ payment status 납부 상태

Q1. 굵게 표시된 문장에서 수식하는 절과 수식받는 명사를 찾아 해석해 보세요.

　① 수식하는 절:

　② 수식받는 명사:

Q2. 영어 문장 해석 순서를 생각하면서, 아래 문제를 풀어보세요.

What is the purpose of the letter?
(A) To attract new members to a theater
(B) To extend an invitation to a new play

□ attract ~을 끌어들이다
□ extend an invitation 초대하다

1

Ever since Fred read an article about rare bird species, he has been fascinated by birds. **He even saved up his pocket money to buy a pair of binoculars so that he can enjoy birdwatching when visiting the park.**

- □ ever since ~ 이후로 줄곧
- □ read an article 기사를 읽다
- □ rare 희귀한
- □ species (동식물의) 종
- □ be fascinated by ~에 매료되다
- □ save up (돈을) 모으다
- □ pocket money 용돈
- □ binoculars 쌍안경
- □ birdwatch 새를 관찰하다

Q1. 굵게 표시된 문장에서 수식하는 절과 수식받는 문장을 찾아 해석해 보세요.

① 수식하는 절:

② 수식받는 문장:

Q2. 영어 문장 해석 순서를 생각하면서, 아래 문제를 풀어보세요.

What is Fred going to do when he visits the local park?
(A) Observe birds
(B) Purchase a tool

- □ observe ~을 관찰하다
- □ tool 도구

2

NASA's Apollo 11 moon shot evoked innovation, like the creation of Digital Twins, which dynamically model physical systems. **Digital twins are now being used as strategic tools as leaders aim to meet business goals.**

- □ moon shot 달 탐측선 발사
- □ evoke ~을 유발하다
- □ innovation 혁신
- □ creation 창조
- □ dynamically 동적으로
- □ model ~의 모형을 만들다
- □ physical 물리적인
- □ strategic 전략적인
- □ meet a goal 목표를 달성하다

Q1. 굵게 표시된 문장에서 수식하는 절과 수식받는 문장을 찾아 해석해 보세요.

① 수식하는 절:

② 수식받는 문장:

Q2. 영어 문장 해석 순서를 생각하면서, 아래 문제를 풀어보세요.

What is the title of the passage?
(A) Digital Twins: Diverse applications
(B) The footprint of innovative astronauts

- □ diverse 다양한
- □ application 적용
- □ footprint 발자취
- □ astronaut 우주 비행사

3

Although the board of directors didn't favor a new product, the CEO launched it anyway. Surprisingly, the product received highly positive responses, and sales skyrocketed in the first week.

- □ although 비록 ~지만
- □ board of directors 이사회
- □ favor ~에 호의적이다
- □ launch ~을 출시하다
- □ anyway 그래도
- □ surprisingly 놀랍게도
- □ highly 매우
- □ positive 긍정적인
- □ response 반응
- □ skyrocket 급등하다

Q1. 굵게 표시된 문장에서 수식하는 절과 수식받는 문장을 찾아 해석해 보세요.

① 수식하는 절:

② 수식받는 문장:

Q2. 영어 문장 해석 순서를 생각하면서, 아래 문제를 풀어보세요.

How did the board of directors feel about a product?
(A) They approved of it.
(B) They disliked it.

- □ feel about ~에 대해 생각하다
- □ approve of ~을 승인하다
- □ dislike ~을 싫어하다

4

The company found that two-thirds of workers were dissatisfied with the lack of "in-person time" with their team. **Plus, 40 percent of those claimed that their company placed too many demands on them when they worked from home.**

- □ two-thirds 3분의 2
- □ be dissatisfied with ~에 불만족 하다
- □ in-person 직접 만나는
- □ plus 더욱이
- □ claim that ~라고 주장하다
- □ place demands on ~에게 요구하 다
- □ work from home 재택 근무하다

Q1. 굵게 표시된 문장에서 수식하는 절과 수식받는 문장을 찾아 해석해 보세요.

① 수식하는 절:

② 수식받는 문장:

Q2. 영어 문장 해석 순서를 생각하면서, 아래 문제를 풀어보세요.

What did the study find out?
(A) More workers want to work from home.
(B) Working from home is negatively affecting workers.

- □ find out ~을 알아내다
- □ negatively 부정적으로
- □ affect ~에게 영향을 미치다

1

Your letter said that the training day will take place at Downfield Golf Course. I thought we agreed that we would look for a new location. **If you could let me know if all of this information is accurate, I will inform everyone here at this branch.**

□ take place (행사 등이) 열리다
□ agree that ~라는 것에 동의하다
□ look for ~을 찾다
□ location 장소
□ accurate 정확한
□ inform ~에게 알리다
□ branch 지점

Q1. 굵게 표시된 문장에서 명사 역할을 하는 절을 찾아 해석해 보세요.

• 명사절:

Q2. 영어 문장 해석 순서를 생각하면서, 아래 문제를 풀어보세요.

What is the purpose of the letter?
(A) To announce a change
(B) To verify some details

□ announce ~을 알리다
□ change 변경사항
□ verify ~을 확인하다

2

While browsing the Lazer Electronics Web site recently, I noticed that you are currently hiring for a position in your marketing team. I feel I would be an ideal candidate for the role, so I have submitted an application form along with my résumé.

□ browse ~을 둘러보다
□ notice that ~라는 것을 알아차리다
□ currently 현재
□ position 직위
□ ideal 이상적인
□ candidate 후보자
□ submit an application form 지원서를 제출하다
□ along with ~와 함께

Q1. 굵게 표시된 문장에서 명사 역할을 하는 절을 찾아 해석해 보세요.

• 명사절:

Q2. 영어 문장 해석 순서를 생각하면서, 아래 문제를 풀어보세요.

Why was the e-mail sent?
(A) To express interest in a job vacancy
(B) To point out an error in an advertisement

□ express interest in ~에 관심을 표하다
□ job vacancy 일자리 공석
□ point out ~을 지적하다

3

"Hands-on" methods may be dangerous when learning science. **The main focus should be that students engage in critical thinking using "minds-on" activities.** A food fight is a hands-on activity, but it doesn't lead to significant learning.

- □ hands-on 직접 해보는
- □ main 주요한
- □ engage in ~에 참여하다
- □ critical thinking 비판적 사고
- □ minds-on 집중력과 사고를 요구하는
- □ lead to ~로 이어지다
- □ significant 중요한

Q1. 굵게 표시된 문장에서 명사 역할을 하는 절을 찾아 해석해 보세요.

- 명사절:

Q2. 영어 문장 해석 순서를 생각하면서, 아래 문제를 풀어보세요.

What is the title of the passage?
(A) The importance of "minds-on" activities
(B) "Hands-on" activities with creativity

- □ importance 중요성
- □ creativity 창의력

4

To: Mr. Ayers / Date: August 2

I am delighted that you have agreed to lead a workshop at our upcoming conference. **The finalized schedule will be sent to you on August 8, so please check whether it will be fine for you.**

- □ be delighted that ~라서 기쁘다
- □ lead ~을 진행하다
- □ upcoming 다가오는
- □ finalized 최종의
- □ check ~을 확인하다

Q1. 굵게 표시된 문장에서 명사 역할을 하는 절을 찾아 해석해 보세요.

- 명사절:

Q2. 영어 문장 해석 순서를 생각하면서, 아래 문제를 풀어보세요.

When will Mr. Ayers be informed of the full schedule?
(A) On August 2
(B) On August 8

- □ be informed of ~을 통지 받다
- □ full 전체의

1

Beautiful holiday homes await buyers, but Spanish property is not a risk-free investment. Thus, an understanding of the property market is essential. **That's why we've created *Spanish Property Secrets*, an e-book that will help you find your dream vacation home.**

□ holiday home 별장
□ await ~을 기다리다
□ risk-free 위험이 없는
□ investment 투자
□ understanding 이해
□ property 부동산
□ essential 필수적인

Q1. 굵게 표시된 문장에서 명사 역할을 하는 절을 찾아 해석해 보세요.
- 명사절:

Q2. 영어 문장 해석 순서를 생각하면서, 아래 문제를 풀어보세요.

What is mainly being advertised?
(A) Materials for potential property investors
(B) A real estate agency for vacation homes

□ materials 자료
□ potential 잠재적인
□ investor 투자자
□ real estate agency 부동산 중개업체

2

In one experiment, a psychologist showed two groups of students animated underwater scenes. The Japanese mentioned objects like rocks, while the Americans focused on the fish. **Why the Japanese and the Americans referred to different elements was a subject of interest.**

□ psychologist 심리학자
□ animated 동영상으로 된
□ underwater 수중의
□ focus on ~에 초점을 맞추다
□ refer to ~을 참조하다
□ element 요소
□ subject 주제
□ interest 관심(사)

Q1. 굵게 표시된 문장에서 명사 역할을 하는 절을 찾아 해석해 보세요.
- 명사절:

Q2. 영어 문장 해석 순서를 생각하면서, 아래 문제를 풀어보세요.

What is correct according to the passage?
(A) Americans paid more attention to background.
(B) What students focused on may depend on their culture.

□ pay attention to ~에 주의를 기울이다
□ depend on ~에 의존하다
□ cultural 문화

❸

I was informed by your current curator that she will be leaving your museum as she is relocating to another city. The museum I currently work at can vouch for my qualifications. **Please tell me what needs to be done to officially apply for this position.**

□ current 현직의
□ curator 큐레이터
□ relocate to ~로 이동하다
□ vouch for ~을 보장하다
□ qualification 자격사항
□ officially 공식적으로
□ apply for ~에 지원하다

Q1. 굵게 표시된 문장에서 명사 역할을 하는 절을 찾아 해석해 보세요.

• 명사절:

Q2. 영어 문장 해석 순서를 생각하면서, 아래 문제를 풀어보세요.

□ inquire about ~에 대해 문의하다
□ opportunity 기회
□ request ~을 요청하다
□ exhibit 전시회

Why was the e-mail sent?
(A) To inquire about a job opportunity
(B) To request information about an exhibit

❹

I am working with another company part-time, so rearranging the interview time for the afternoon will work for me. Also, I'm waiting for a copy of my engineering license. **I can bring a letter of certification as a temporary substitute, so let me know which form of the document you need.**

□ part-time 시간제 근무
□ rearrange ~을 재조정하다
□ copy 사본
□ engineering license 토목 자격증
□ bring ~을 가져가다
□ certification 증명
□ temporary 임시의
□ substitute 대체물

Q1. 굵게 표시된 문장에서 명사 역할을 하는 절을 찾아 해석해 보세요.

• 명사절:

Q2. 영어 문장 해석 순서를 생각하면서, 아래 문제를 풀어보세요.

□ type 유형

What does the writer request?
(A) Information about a type of document
(B) An application form for a position

1

We are pleased to offer you a one-year contract of employment at Von Medical Supply. **The position will commence on November 1 and continue until October 31 of next year.** The position's annual salary is $42,000 and includes healthcare coverage.

- be pleased to do ~하게 되어 기쁘다
- contract 계약
- employment 고용, 채용
- position 직위
- commence 시작하다
- continue 계속되다
- annual salary 연봉
- healthcare 의료
- coverage 보장

Q1. 굵게 표시된 문장에서 등위접속사가 연결하는 요소를 찾아 해석해 보세요.

① 연결되는 요소 1:

② 연결되는 요소 2:

Q2. 영어 문장 해석 순서를 생각하면서, 아래 문제를 풀어보세요.

When will the recipient of the letter begin working?
(A) October 31
(B) November 1

- recipient 수령인
- begin -ing ~하는 것을 시작하다

2

Renovation work at White Cove Hotel will be ongoing until December 5. **The lobby and the front desk will remain open, but the lounge area will be closed until the work concludes.** Also, the underground lot will be off-limits.

- renovation 보수 공사
- ongoing 계속 진행 중인
- until ~까지
- remain ~한 상태이다
- conclude 종료되다
- underground lot 지하 주차장
- off-limits 출입금지의

Q1. 굵게 표시된 문장에서 등위접속사가 연결하는 요소를 찾아 해석해 보세요.

① 연결되는 요소 1:

② 연결되는 요소 2:

Q2. 영어 문장 해석 순서를 생각하면서, 아래 문제를 풀어보세요.

What is the purpose of the notice?
(A) To describe changes at a business
(B) To attract guests to a newly opened hotel

- business 사업체
- newly opened 새롭게 개장된

3

Ancient civilizations used various natural cooling methods to preserve food. **People often stored food in the cold water of rivers or filled storage pits with snow.** In 1913, the first domestic electric refrigerator was invented by Fred W. Wolf.

Q1. 굵게 표시된 문장에서 등위접속사가 연결하는 요소를 찾아 해석해 보세요.

　① 연결되는 요소 1:

　② 연결되는 요소 2:

Q2. 영어 문장 해석 순서를 생각하면서, 아래 문제를 풀어보세요.

What is true about ancient civilizations?
(A) People often felt sick due to spoiled food.
(B) People used several ways to keep food cold.

4

The university offers transportation during the last week of each semester. Students must sign up in advance at the Student Union. Plus, they can buy discounted intercity bus tickets at the Union. **Tickets are non-refundable, but dates may be changed at no extra charge.**

Q1. 굵게 표시된 문장에서 등위접속사가 연결하는 요소를 찾아 해석해 보세요.

　① 연결되는 요소 1:

　② 연결되는 요소 2:

Q2. 영어 문장 해석 순서를 생각하면서, 아래 문제를 풀어보세요.

Which of the following is correct?
(A) The shuttle services operate throughout the semester.
(B) The date of an intercity bus ticket can be altered for free.

시원스쿨LAB 강사 라인업

20년 노하우의 토익/토스/오픽/지텔프/텝스/아이엘츠/토플/SPA/듀오링고
기출 빅데이터 심층 연구로 빠르고 효율적인 목표 점수 달성을 보장합니다.

시험영어 전문 연구 조직

시원스쿨어학연구소

 시험영어 전문

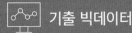 **기출 빅데이터**

 264,000시간

시험영어 전문	기출 빅데이터	264,000시간
TOEIC/TOEIC Speaking/ TEPS/OPIc/G-TELP/IELTS/ TOEFL/SPA/Duolingo 공인 영어시험 콘텐츠 개발 경력 20년 이상의 국내외 연구원들이 포진한 전문적인 연구 조직입니다.	본 연구소 연구원들은 매월 각 전문 분야의 시험에 응시해 시험에 나온 모든 문제를 철저하게 해부하고, 시험별 기출문제 빅데이터 분석을 통해 단기 고득점을 위한 학습 솔루션을 개발 중입니다.	각 분야 연구원들의 연구시간 모두 합쳐 264,000시간 이 모든 시간이 쌓여 시원스쿨어학연구소가 탄생했습니다.

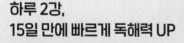

토익 시작할 땐 시원스쿨LAB

시작이 빵!
토|익|환|급

시원스쿨
구문독해
강의 포함

성적 NO, 출석 NO!
사자마자 50%,

지금 토익 시작하면
최대 300%+응시료 2회 환급

시원스쿨 토익
입문 대표
켈리 선생님

사자마자 50% 환급
성적 NO, 출석 NO

100% 환급 + 응시료 0원
하루 1강 or 목표 성적 달성

200% 환급 + 응시료 0원
하루 1강 & 성적

300% 환급 + 응시료 0원
하루 1강 & 목표성적 + 100점

---

* 지금 시원스쿨LAB 사이트(lab.siwonschool.com)에서 유료로 수강하실 수 있습니다

* 환급 조건 : 성적표 제출 및 후기 작성, 제세공과금&교재비 제외, 유의사항 참고, *[1위]2022-2023 히트브랜드 토익·토스·오픽 인강 부문 1위,

* [300%] 650점반 구매자, 출석&750점 달성 시, 유의사항 참고, *[750점만 넘어도] 650점반 구매자 첫토익 응시 기준, 유의사항 참고

히트브랜드 토익·토스·오픽·인강 1위

시원스쿨LAB 교재 라인업

*2020-2022 3년 연속 히트브랜드대상 1위 토익·토스·오픽·인강

시원스쿨 토익 교재 시리즈

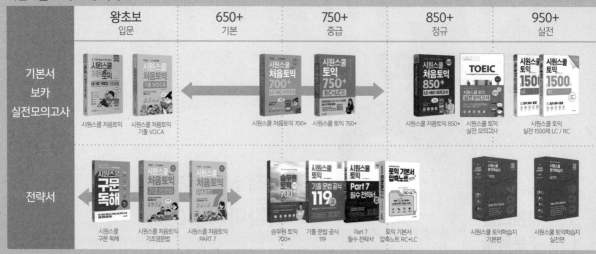

	왕초보 입문	650+ 기본	750+ 중급	850+ 정규	950+ 실전
기본서 보카 실전모의고사	시원스쿨 처음토익 / 시원스쿨 처음토익 기초 VOCA	시원스쿨 처음토익 700+	시원스쿨 토익 750+	시원스쿨 처음토익 850+ / 시원스쿨 토익 실전 모의고사	시원스쿨 토익 실전 1500제 LC / RC
전략서	시원스쿨 구문 독해 / 시원스쿨 처음토익 기초영문법 / 시원스쿨 처음토익 PART 7	승무원 토익 700+	기출 문법 공식 119 / Part 7 필수 전략서 / 토익 기본서 압축노트 RC+LC		시원스쿨 토익학습지 기본편 / 시원스쿨 토익학습지 실전편

시원스쿨 토익스피킹, 듀오링고, 오픽, SPA 교재 시리즈

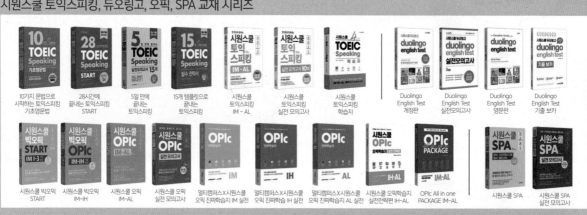

10가지 문법으로 시작하는 토익스피킹 기초영문법 · 28시간에 끝내는 토익스피킹 START · 5일 만에 끝내는 토익스피킹 · 15개 템플릿으로 끝내는 토익스피킹 필수 전략서 · 시원스쿨 토익스피킹 IM-AL · 시원스쿨 토익스피킹 실전 모의고사 · 시원스쿨 토익스피킹 학습지 · Duolingo English Test 개정판 · Duolingo English Test 실전모의고사 · Duolingo English Test 영문판 · Duolingo English Test 기출 보카

시원스쿨 빅오픽 START · 시원스쿨 빅오픽 IM-IH · 시원스쿨 오픽 IM-AL · 시원스쿨 오픽 실전 모의고사 · 멀티캠퍼스X시원스쿨 오픽 진짜학습지 IM 실전 · 멀티캠퍼스X시원스쿨 오픽 진짜학습지 IH 실전 · 멀티캠퍼스X시원스쿨 오픽 진짜학습지 AL 실전 · 시원스쿨 오픽학습지 실전전략편 IH-AL · OPIc All in one PACKAGE IM-AL · 시원스쿨 SPA · 시원스쿨 SPA 실전 모의고사

시원스쿨 아이엘츠 교재 시리즈   시원스쿨 토플 교재 시리즈

빅아이엘츠 Speaking START · 빅아이엘츠 Writing START · 빅아이엘츠 Listening START · 빅아이엘츠 Reading START · 아이엘츠 MASTER · 아이엘츠 기출 VOCA · 시원스쿨 TOEFL Basic · 시원스쿨 TOEFL Intermediate · 시원스쿨 TOEFL Actual Tests · 시원스쿨 TOEFL 기출 VOCA · 시원스쿨 TOEFL Speaking · 시원스쿨 TOEFL Writing · 시원스쿨 TOEFL Listening · 시원스쿨 TOEFL Reading

시원스쿨 지텔프 교재 시리즈   시원스쿨 텝스 교재 시리즈

지텔프 기출문제집 공식 기출 7회분 · 지텔프 기출문법 · 지텔프 기출VOCA · 지텔프 기출독해 · 지텔프 기출청취 · 시원스쿨 지텔프 최신 기출 유형 문법 모의고사 · 시원스쿨 지텔프 32-50 · 시원스쿨 지텔프 65+ · 시원스쿨 텝스 Basic · 시원스쿨 텝스 청해 · 시원스쿨 텝스 어휘·문법 · 시원스쿨 텝스 독해 · 뉴텝스 서울대 공식 기출문제집

시원스쿨 구문독해

시원스쿨 LAB

정답 및 해석

본서

❶

The sales report should be submitted / by Friday.
　　　　주어　　　　　　　　동사

- 주어와 동사에 밑줄을 긋고 표시해 보세요.

- 영어 문장 해석 순서를 생각하면서, 우리말 해석을 완성해 보세요.

① ＿＿＿ 판매 보고서가 ＿＿＿ 금요일까지 ② ＿＿＿ 제출되어야 한다 ＿＿＿.

❷

Emma promised to return / to France / sometime.
　　주어　　　동사

- 주어와 동사에 밑줄을 긋고 표시해 보세요.

- 영어 문장 해석 순서를 생각하면서, 우리말 해석을 완성해 보세요.

① ＿＿ 엠마가 ＿＿ 언젠가 프랑스로 돌아올 것을 ② ＿＿ 약속했다 ＿＿.

3

ABC Airlines trains their flight attendants / regularly /
<u>ABC Airlines</u> <u>trains</u>
　　　주어　　　　동사

for perfect service.

- 주어와 동사에 밑줄을 긋고 표시해 보세요.

- 영어 문장 해석 순서를 생각하면서, 우리말 해석을 완성해 보세요.

① ___ABC 항공사는___ 완벽한 서비스를 위해 주기적으로 그들의 승무원들을

② ___교육시킨다___ .

4

Online learning helps students to learn / at their own pace /
<u>Online learning</u> <u>helps</u>
　　　주어　　　　동사

and in their own time.

- 주어와 동사에 밑줄을 긋고 표시해 보세요.

- 영어 문장 해석 순서를 생각하면서, 우리말 해석을 완성해 보세요.

① ___온라인 학습은___ 학생들이 자신만의 속도와 자신만의 시간에 학습할 수 있도록

② ___도움을 준다___ .

1

We will open <u>a restaurant</u> / this month / in New York.
　　　　　　목적어

- 목적어에 밑줄을 긋고 표시해 보세요. (목적어가 두 개라면, 사람 목적어/사물 목적어로 표시)

- 영어 문장 해석 순서를 생각하면서, 우리말 해석을 완성해 보세요.

① _____우리는_____ 이번 달에 뉴욕에서 ② _____식당을_____

③ _____열 것이다_____ .

2

My parents taught <u>me</u> <u>camping skills</u> / during the summer vacation.
　　　　　　사람 목적어　　사물 목적어

- 목적어에 밑줄을 긋고 표시해 보세요. (목적어가 두 개라면, 사람 목적어/사물 목적어로 표시)

- 영어 문장 해석 순서를 생각하면서, 우리말 해석을 완성해 보세요.

① _____나의 부모님은_____ 여름 방학 동안에 ② _____나에게_____

③ _____캠핑 기술들을_____ ④ _____가르쳐 주셨다_____ .

3

The technician repaired the computer / free of charge /
<u>목적어</u>

for customer satisfaction.

- 목적어에 밑줄을 긋고 표시해 보세요. (목적어가 두 개라면, 사람 목적어/사물 목적어로 표시)

- 영어 문장 해석 순서를 생각하면서, 우리말 해석을 완성해 보세요.

① ___그 기술자는___ 고객 만족을 위해 무료로 ② ___컴퓨터를___

③ ___수리했다___ .

4

Hannah gave us advice / on our academic and career goals /
사람 목적어 사물 목적어

by talking about her experience.

- 목적어에 밑줄을 긋고 표시해 보세요. (목적어가 두 개라면, 사람 목적어/사물 목적어로 표시)

- 영어 문장 해석 순서를 생각하면서, 우리말 해석을 완성해 보세요.

① ___한나는___ 그녀의 경험에 대해 이야기함으로써 ② ___우리에게___ 우리의

학업적인 그리고 직업적인 목표에 대한 ③ ___조언을___ ④ ___주었다___ .

1

The activity seems perfect / for young children.
                    보어

- 보어에 밑줄을 긋고 표시해 보세요.

- 영어 문장 해석 순서를 생각하면서, 우리말 해석을 완성해 보세요.

① _____ 그 활동은 _____ 아이들을 대상으로 ② _____ 완벽해 _____ ③ _____ 보인다 _____ .

2

Consumers find the advertising design attractive.
                                    보어

- 보어에 밑줄을 긋고 표시해 보세요.

- 영어 문장 해석 순서를 생각하면서, 우리말 해석을 완성해 보세요.

① _____ 소비자들은 _____ ② _____ 그 광고 디자인이 _____

③ _____ 매력적이라고 _____ ④ _____ 생각한다 _____ .

3

The Dawson Bridge will remain <u>closed</u> / until Saturday /
　　　　　　　　　　　　　　　　보어

for repairs.

- 보어에 밑줄을 긋고 표시해 보세요.
- 영어 문장 해석 순서를 생각하면서, 우리말 해석을 완성해 보세요.

① ___도슨 다리는___ 수리를 위해 토요일까지 ② ___폐쇄된___

③ ___상태일 것이다___ .

4

Telecommunications companies are making WiFi internet

<u>available</u> / everywhere.
　보어

- 보어에 밑줄을 긋고 표시해 보세요.
- 영어 문장 해석 순서를 생각하면서, 우리말 해석을 완성해 보세요.

① ___통신회사들은___ 모든 곳에서 ② ___무선 인터넷을___

③ ___이용할 수 있도록___ ④ ___만들고 있다___ .

Unit 04 문장 요소 해석하기 ① 긴 주어

1

To wear name tags / at school / is compulsory.
　　　　　주어　　　　　　　　　　동사

• 주어에 밑줄을 긋고, 우리말 해석을 완성해 보세요.

학교에서 ① _____ 이름표를 _____ ② _____ 착용하는 것은 _____ 의무적이다.

2

It　　is necessary to consider cycling / instead of driving.
가짜 주어　동사　　　　　　　진짜 주어

• 주어에 밑줄을 긋고, 우리말 해석을 완성해 보세요.

자동차 운전 대신에 ① _____ 자전거 타기를 _____ ② _____ 고려하는 것이 _____

필요하다.

3

<u>Watching television / moderately</u> / is an easy way / to relieve stress.
　　　　주어　　　　　　　　　　동사

• 주어에 밑줄을 긋고, 우리말 해석을 완성해 보세요.

적당히 ① _____ 텔레비전을 _____ ② _____ 보는 것은 _____ 스트레스를

완화하는 하나의 쉬운 방법이다.

4

<u>What we discussed / during the staff meeting</u> / was
　　　　주어　　　　　　　　　　　　　　　　동사

working conditions.

• 주어에 밑줄을 긋고, 우리말 해석을 완성해 보세요.

직원회의 동안 ① _____ 우리가 _____ ② _____ 논의했던 _____ ③ _____ 것은 _____

근무 조건이었다.

1

The government **decided** to grant funding / to the city.

동사   목적어

- 목적어에 밑줄을 긋고, 우리말 해석을 완성해 보세요.

정부는 그 도시에 ① _____ 자금을 _____ ② _____ 주는 것을 _____ 결정했다.

2

You should **consider** transferring / to the California office.

동사   목적어

- 목적어에 밑줄을 긋고, 우리말 해석을 완성해 보세요.

당신은 캘리포니아 지사로 ① _____ 전근가는 것을 _____ 고려해야 한다.

3

This model can predict <u>where tornadoes may occur</u> /
　　　　　　　동사　　　　　　　　　　목적어

throughout the US.

• 목적어에 밑줄을 긋고, 우리말 해석을 완성해 보세요.

이 모델은 미국 전역에 걸쳐 ① ____토네이도가____ ② ____어디에서____

③ ____발생할 수도 있는지를____ 예측할 수 있다.

4

I / sometimes / enjoyed <u>spending my allowance</u> / on sweets
　　　　　　　　　　　동사　　　　　목적어

and video games.

• 목적어에 밑줄을 긋고, 우리말 해석을 완성해 보세요.

나는 가끔 사탕과 비디오 게임에 ① ____나의 용돈을____ ② ____쓰는 것을____

즐겼다.

1

Our strategy is utilizing celebrity branding.
　　　　　　동사　　　　　　　보어

- 보어에 밑줄을 긋고, 우리말 해석을 완성해 보세요.

우리의 전략은 ① _____ 유명인 브랜딩을 _____ ② _____ 이용하는 것 _____ 이다.

2

Mobile phones have enabled us to use the Internet / outdoors.
　　　　　　　　동사　　　　목적어　　　　보어

- 보어에 밑줄을 긋고, 우리말 해석을 완성해 보세요.

휴대전화는 우리가 야외에서 ① _____ 인터넷을 _____ ② _____ 사용하는 것을 _____

가능하게 해왔다.

3

The purpose of the workshop is to examine the trends /

동사 보어

in fashion.

- 보어에 밑줄을 긋고, 우리말 해석을 완성해 보세요.

그 워크숍의 목적은 패션 분야에서의 ① ___트렌드를___ ② ___검토하는 것___ 이다.

4

The transportation authorities reminded all drivers to slow down /

동사 목적어 보어

on 7th Street.

- 보어에 밑줄을 긋고, 우리말 해석을 완성해 보세요.

교통 당국은 모든 운전자들이 7번가에서 ① ___속도를 늦출 것을___ 상기시켰다.

1

Mr. Carlson's presentation left a <u>lasting</u> <u>impression</u> / on me.
분사　　　　　명사

- 형용사(또는 분사)와 수식받는 명사에 밑줄을 긋고, 우리말 해석을 완성해 보세요.

칼슨 씨의 발표는 나에게 ① ___지속적인___ ② ___인상___ 을 남겼다.

2

The <u>attached</u> <u>files</u> show how much our profits have increased.
분사　　 명사

- 형용사(또는 분사)와 수식받는 명사에 밑줄을 긋고, 우리말 해석을 완성해 보세요.

① ___첨부된___ ② ___파일들은___ 우리의 수익이 얼마나 많이 증가해 왔는지를

보여준다.

3

Reasonable bus fares will encourage people to use
형용사   명사

public transportation / more often.

• 형용사(또는 분사)와 수식받는 명사에 밑줄을 긋고, 우리말 해석을 완성해 보세요.

① _____적정한 가격의_____ ② _____버스 요금_____은 사람들이 더 자주 대중교통을

이용하도록 장려할 것이다.

4

The weather conditions caused a minor delay / in the satellite's
형용사   명사

launch plans.

• 형용사(또는 분사)와 수식받는 명사에 밑줄을 긋고, 우리말 해석을 완성해 보세요.

기상 상태는 인공위성의 발사 계획에 ① _____사소한_____ ② _____지연_____을 발생시켰다.

1

I really appreciate your help / with my assignment.
　부사　　동사

• 부사와 수식받는 동사(또는 형용사)에 밑줄을 긋고, 우리말 해석을 완성해 보세요.

저는 저의 과제에 대한 당신의 도움을 ①_____정말로_____

②_____감사히 여깁니다_____ .

2

Housing prices are increasing slowly / due to rising demand.
　　　　　　　동사　　　　부사

• 부사와 수식받는 동사(또는 형용사)에 밑줄을 긋고, 우리말 해석을 완성해 보세요.

주택 가격이 증가하는 수요 때문에 ①_____천천히_____ ②_____오르고 있다_____ .

3

Viral marketing is proving to be <u>significantly</u> <u>effective</u> /
                                         부사   형용사

for our customer service.

• 부사와 수식받는 동사(또는 형용사)에 밑줄을 긋고, 우리말 해석을 완성해 보세요.

바이럴 마케팅은 우리의 고객 서비스에 대해 ① ___상당히___ ② ___효과적인___
것으로 드러나고 있다.

4

The human race <u>has</u> <u>greatly</u> <u>affected</u> Earth's climate and
                       동사   부사   동사

atmosphere.

• 부사와 수식받는 동사(또는 형용사)에 밑줄을 긋고, 우리말 해석을 완성해 보세요.

인류는 지구의 기후와 대기에 ① ___크게___ ② ___영향을 미쳐왔다___ .

1

Participating in after-school programs is one <u>way</u> <u>to get extra</u>
　　　　　　　　　　　　　　　　　　　 명사　　형용사구(to부정사구)

<u>credits</u>.

• 수식하는 구와 수식받는 명사에 밑줄을 긋고, 우리말 해석을 완성해 보세요.

방과후 프로그램들에 참가하는 것은 ① ____추가의____ ② ____학점을____

③ ____얻을____ ④ ____하나의____ ⑤ ____방법____ 이다.

2

Choy Restaurant introduced a special <u>promotion</u> <u>providing</u>
　　　　　　　　　　　　　　　　　　 명사　　　 형용사구(분사구)

<u>discounts</u> / to regular customers.

• 수식하는 구와 수식받는 명사에 밑줄을 긋고, 우리말 해석을 완성해 보세요.

초이 레스토랑은 단골손님들에게 ① ____할인을____ ② ____제공하는____

③ ____특별한____ ④ ____판촉행사____ 를 소개했다.

3

We encourage visitors to the National Museum to make
　　　　　　　　명사　　　　　　　형용사구(전치사구)

substantial donations.

• 수식하는 구와 수식받는 명사에 밑줄을 긋고, 우리말 해석을 완성해 보세요.

우리는 ① _____ 국립 박물관 _____ ② _____ 에 오는 _____

③ _____ 방문객들이 _____ 상당한 액수의 기부를 하도록 권장한다.

4

The themes contained in modern art can be difficult and unclear /
　　명사　　　　　　형용사구(분사구)

to the audience.

• 수식하는 구와 수식받는 명사에 밑줄을 긋고, 우리말 해석을 완성해 보세요.

① _____ 현대의 _____ ② _____ 미술 _____ ③ ____ 에 ____ ④ _____ 포함된 _____

⑤ _____ 주제들은 _____ 관람객들에게 어렵고 불확실할 수 있다.

1

주어   동사 + 목적어

Jack / usually / drinks a lot of coffee / to stay awake.
          수식받는 문장   부사구(to부정사구)

• 수식하는 구와 수식받는 문장에 밑줄을 긋고, 우리말 해석을 완성해 보세요.

① _____잭은_____ ② _____깨어 있기 위해_____ ③ _____보통_____

④ _____많은 커피를 마신다_____ .

2

               주어   동사 + 목적어

The participants in the quiz show must answer each question /
                  수식받는 문장

within 30 seconds.
    부사구(전치사구)

• 수식하는 구와 수식받는 문장에 밑줄을 긋고, 우리말 해석을 완성해 보세요.

① _____퀴즈 쇼에서 참가자들은_____ ② _____30초 이내에_____

③ _____각각의 질문에 대답해야 한다_____ .

3

주어   동사 + 목적어

To facilitate learning, / the university provided free tutoring /
부사구(to부정사구)   수식받는 문장

for first-year students.

• 수식하는 구와 수식받는 문장에 밑줄을 긋고, 우리말 해석을 완성해 보세요.

① _____ 학습을 용이하게 하기 위해 _____ , ② _____ 그 대학은 _____

1학년 학생들에게 ③ _____ 무료 튜터링을 제공했다 _____ .

4

주어

Despite the bad service, / many customers at Thai Bistro
부사구(전치사구)   수식받는 문장

동사 + 목적어
enjoy its tasty food.

• 수식하는 구와 수식받는 문장에 밑줄을 긋고, 우리말 해석을 완성해 보세요.

① _____ 좋지 않은 서비스에도 불구하고 _____ , ② _____ 타이 비스트로에 있는 _____

③ _____ 많은 고객들은 _____ ④ _____ 그곳의 맛있는 음식을 즐긴다 _____ .

1

Students who want to attend the science fair next week
명사(주어)　　　　　　　　　　　　형용사절

should contact Mr. Harrison.
　　　　동사 + 목적어

• 수식하는 절과 수식받는 명사에 밑줄을 긋고, 우리말 해석을 완성해 보세요.

① ＿＿＿＿＿ 다음 주에 과학 박람회에 참석하고 싶은 ＿＿＿＿＿ ② ＿＿＿＿ 학생들은 ＿＿＿＿

③ ＿＿＿＿＿ 해리슨 씨에게 연락해야 한다 ＿＿＿＿＿.

2

We are looking for a supplier whose reputation is excellent
주어　　　동사　　　명사(목적어)　　　　　형용사절

in the field.

• 수식하는 절과 수식받는 명사에 밑줄을 긋고, 우리말 해석을 완성해 보세요.

① ＿＿＿ 우리는 ＿＿＿ ② ＿＿＿＿＿＿ 평판이 업계에서 훌륭한 ＿＿＿＿＿＿

③ ＿＿＿ 공급업체를 ＿＿＿ ④ ＿＿＿＿ 찾고 있습니다 ＿＿＿＿.

3

The newly launched printers which have a high-speed printing
     명사(주어)   형용사절

function will be in stock / in 3 days.
            동사

• 수식하는 절과 수식받는 명사에 밑줄을 긋고, 우리말 해석을 완성해 보세요.

① _____고속의 인쇄 기능을 가진_____ ② _____새롭게 출시된 프린터들은_____

3일 후에 ③ _____입고될 것이다_____ .

4

Mountain climbing is a physical activity that requires a lot of
   주어   동사   명사(보어)   형용사절

strength and extensive training.

• 수식하는 절과 수식받는 명사에 밑줄을 긋고, 우리말 해석을 완성해 보세요.

① _____등산은_____ ② _____많은 힘과 광범위한 훈련을 필요로 하는_____

③ _____신체 활동_____ ④ _____이다_____ .

1

After the shop is closed, / you must count the notes from the
<u>부사절</u>   <u>수식받는 문장</u>

cash register accurately.

• 수식하는 절과 수식받는 문장에 밑줄을 긋고, 우리말 해석을 완성해 보세요.

① _____ 그 상점이 문을 닫은 후에 _____ ,

② _____ 너는 계산대에서 온 지폐들을 반드시 정확하게 세어봐야 한다 _____ .

2

As long as Harry keeps doing rehabilitation exercises, / he will be
<u>부사절</u>   <u>수식받는 문장</u>

able to walk again.

• 수식하는 절과 수식받는 문장에 밑줄을 긋고, 우리말 해석을 완성해 보세요.

① _____ 해리가 계속 재활 운동을 하는 한 _____ ,

② _____ 그는 다시 걸을 수 있을 것이다 _____ .

3

Maintenance workers carried on with the repairs / even though
　　　　　수식받는 문장　　　　　　　　　　　　　　부사절

the water was rising.

- 수식하는 절과 수식받는 문장에 밑줄을 긋고, 우리말 해석을 완성해 보세요.

① _____ 비록 물이 불어나고 있었지만 _____

② _____ 시설 관리 직원들은 수리 작업을 계속 이어 나갔다 _____ .

4

Since she has worked at WJE Inc. for 20 years, / the company
　　　　　　부사절　　　　　　　　　　　　　　　　수식받는 문장

has offered Ms. Graves a leading role.

- 수식하는 절과 수식받는 문장에 밑줄을 긋고, 우리말 해석을 완성해 보세요.

① _____ 그녀는 20년 동안 WJE 주식회사에서 일해왔기 때문에 _____ ,

② _____ 그 회사는 그레이브스 씨에게 주요한 역할을 제안했다 _____ .

1

Students should know that copying other students' work is
주어 　　　　동사　　　　 명사절(목적어)

unacceptable.

- 명사 역할을 하는 절에 밑줄을 긋고, 우리말 해석을 완성해 보세요.

① _____ 학생들은 _____ ② _____ 다른 학생들의 작업물을 베끼는 것이 용납될 수 _____

_____ 없다는 것을 _____ ③ _____ 알아야 한다 _____ .

2

Medical researchers will determine whether the new pain
주어 　　　　　　동사　　　　　 명사절(목적어)

medication causes negative side effects.

- 명사 역할을 하는 절에 밑줄을 긋고, 우리말 해석을 완성해 보세요.

① _____ 의학 연구자들은 _____ ② _____ 새로운 진통제가 부정적인 _____

_____ 부작용들을 야기하는지를 _____ ③ _____ 알아낼 것이다 _____ .

3

The manager of the sales team questioned if the company's
주어   동사   명사절(목적어)

Web site is safe from cyber-attacks.

• 명사 역할을 하는 절에 밑줄을 긋고, 우리말 해석을 완성해 보세요

① _____영업팀의 부장은_____ ② _____회사의 웹 사이트가_____

_____사이버 공격으로부터 안전한지를_____ ③ _____질문했다_____ .

4

The advertisement for the new cell phone indicates that it can
주어   동사   명사절(목적어)

take photographs underwater.

• 명사 역할을 하는 절에 밑줄을 긋고, 우리말 해석을 완성해 보세요.

① _____새로운 핸드폰에 대한 광고는_____ ② _____수중에서_____

_____사진을 찍을 수 있다는 것을_____ ③ _____나타낸다_____ .

1

Mr. Simpson **inquired** **about** <u>how he could apply for the vacant</u>
　　주어　　　　동사　　　전치사　　　　　　　의문사 명사절

<u>position.</u>

• 명사 역할을 하는 절에 밑줄을 긋고, 우리말 해석을 완성해 보세요.

① _____심슨 씨는_____ ② _____그가 어떻게 공석에 지원할 수_____

_____있는지_____ ③_____에 대해_____ ④_____문의했다_____ .

2

Commuters **should consider** <u>which transport they plan to use</u>
　　주어　　　　　동사　　　　　　　의문사 명사절(목적어)

<u>on a daily basis.</u>

• 명사 역할을 하는 절에 밑줄을 긋고, 우리말 해석을 완성해 보세요.

① _____통근자들은_____ ② _____그들이 어느 교통 수단을 매일 이용할_____

_____계획인지를_____ ③_____고려해야 한다_____ .

3

David asked about <u>when the rooms will be available</u> /
주어　　동사　　전치사　　　　　의문사 명사절

by calling Hill Resort.

- 명사 역할을 하는 절에 밑줄을 긋고, 우리말 해석을 완성해 보세요.

① ____데이비드 씨는____ 힐 리조트에 전화함으로써 ② ____그 객실이____

____언제 이용 가능할 것인지____ ③ ____에 대해____ ④ ____문의했다____ .

4

The marketing team is discussing <u>where they will put the</u>
주어　　　　　　　동사　　　　의문사 명사절(목적어)

<u>advertisement for the new application.</u>

- 명사 역할을 하는 절에 밑줄을 긋고, 우리말 해석을 완성해 보세요.

① ____마케팅팀은____ ② ____그들이 어디에 새로운 어플리케이션을 위한____

____광고를 낼 것인지____ ③ ____논의하는 중이다____ .

1

Travelers are advised <u>to seek shelter</u> <u>and</u> <u>remain there</u> /
　　　　　　　　　　　　　구　　　　등위접속사　　　구

until the hurricane passes.

• 등위접속사와 등위접속사가 연결하는 요소에 밑줄을 긋고, 우리말 해석을 완성해 보세요.

허리케인이 지나갈 때까지 ① _____여행객들은_____ ② _____대피처를 찾고_____

_____그곳에 남아 있는 것이_____ ③ _____권장된다_____ .

2

<u>Food will not be available at the event,</u> <u>but</u> <u>attendees can leave</u>
　　　　　　　　　　절　　　　　　　　　　　등위접속사　　　　절

<u>the venue to eat.</u>

• 등위접속사와 등위접속사가 연결하는 요소에 밑줄을 긋고, 우리말 해석을 완성해 보세요.

① _____음식이 행사에서 이용 가능하지 않을 것이지만_____ ,

② _____참석자들은 먹기 위해 행사 장소를 떠날 수 있습니다_____ .

3

We have few complaints from our customers, so we don't need
              절   등위접속사   절

customer service training right now.

- 등위접속사와 등위접속사가 연결하는 요소에 밑줄을 긋고, 우리말 해석을 완성해 보세요.

① _____ 우리는 고객들로부터 적은 불만사항을 받아서 _____ ,

② _____ 우리는 지금 당장 고객 서비스 교육이 필요하지 않다 _____ .

4

During the installation, / anyone entering or leaving the building
                                  구 등위접속사   구

should sign in / with our security staff.

- 등위접속사와 등위접속사가 연결하는 요소에 밑줄을 긋고, 우리말 해석을 완성해 보세요.

설치 동안에, ① _____ 건물에 들어오거나 나가는 사람은 누구든지 _____

저희 보안 직원과 함께 ② _____ 서명을 해야 합니다 _____ .

워크북

정답 및 해석

1

Maria Montessori was an Italian physician and educator.

She is known for developing a teaching method called
　주어　동사
Montessori education. This method teaches children

independence.

마리아 몬테소리는 이탈리아의 의사이고 교육자였다. 그녀는 몬테소리 교육이라 불리는 교수법을 개발한 것으로 알려져 있다. 이 방법은 아이들에게 독립성을 가르친다.

Q1. 굵게 표시된 문장의 주어와 동사에 밑줄을 긋고 표시해 보세요.

Q2. 영어 문장 해석 순서를 생각하면서, 아래 문제를 풀어보세요.

What is Maria Montessori known for?
(A) A medical technique
(B) A method of teaching

마리아 몬테소리는 무엇으로 유명한가?
(A) 의료 기술
(B) 교수법

정답 (B)

2

Moderate alcohol consumption can prevent strokes.
　　　　　주어　　　　　　　　　　　동사
Regardless of the type of alcohol, the protective effect

of moderate drinking has been well-established by

researchers.

적당한 알코올 섭취는 뇌졸중을 예방할 수 있다. 알코올의 종류에 상관없이, 적당한 음주의 예방 효과는 연구자들에 의해 확립되었다.

Q1. 굵게 표시된 문장의 주어와 동사에 밑줄을 긋고 표시해 보세요.

Q2. 영어 문장 해석 순서를 생각하면서, 아래 문제를 풀어보세요.

What is the main idea of the passage?
(A) Alcohol reduces stroke risk.
(B) Alcohol drinking should go with exercise.

지문의 주제는 무엇인가?
(A) 알코올은 뇌졸중 위험을 줄인다.
(B) 음주는 운동과 병행해야 한다.

정답 (A)

3

Best Tyres announced price increases last week. **The recent hike in the price of raw materials** [주어] **has made** [동사] **it impossible to keep the same prices.**

베스트 타이어스 사는 지난주에 가격 인상을 발표했다. 원자재의 가격에서의 최근 급등이 동일한 가격을 유지하는 것을 불가능하게 했다.

Q1. 굵게 표시된 문장의 주어와 동사에 밑줄을 긋고 표시해 보세요.

Q2. 영어 문장 해석 순서를 생각하면서, 아래 문제를 풀어보세요.

What is the cause of the price increase?
(A) The economic slowdown
(B) The materials cost

가격 인상의 원인은 무엇인가?
(A) 경기 둔화
(B) 자재 비용

정답 (B)

4

We will be opening an additional shift. **Current employees** [주어] **who would like to take it will earn** [동사] **an extra 50% of their pay per hour.** Interested employees should send an application to Carrie Waters.

저희는 추가 교대 근무를 시작할 것입니다. 그것을 하고 싶은 현재 직원들은 시간당 50퍼센트의 추가 급여를 얻을 것입니다. 관심 있는 직원들은 캐리 워터스 씨에게 지원서를 보내야 합니다.

Q1. 굵게 표시된 문장의 주어와 동사에 밑줄을 긋고 표시해 보세요.

Q2. 영어 문장 해석 순서를 생각하면서, 아래 문제를 풀어보세요.

What is offered to employees that will work the new shift?
(A) A higher wage
(B) Extra time off

새로운 교대 근무를 일하는 직원들에게 무엇이 제공되는가?
(A) 더 높은 급여
(B) 추가 휴가

정답 (A)

1

Ecological parks in urban areas provide green spaces for visitors. **They usually offer them facilities like**
<u>사람 목적어</u> <u>사물목적어</u>
playgrounds, gardening areas, hiking trails, and sports center.

도심 지역에 있는 생태 공원은 방문객들을 위한 녹지를 제공한다. 그것들은 보통 방문객들에게 운동장, 정원 구역, 하이킹 코스, 그리고 스포츠 센터와 같은 시설들을 제공한다.

Q1. 굵게 표시된 문장의 목적어(사람 목적어/사물 목적어)에 밑줄을 긋고 표시해 보세요.

Q2. 영어 문장 해석 순서를 생각하면서, 아래 문제를 풀어보세요.

What can people do in ecological parks?
(A) Attend community concerts
(B) Take a walk on the trails

사람들은 생태 공원에서 무엇을 할 수 있는가?
(A) 지역 콘서트에 참석하기
(B) 숲길에서 산책하기

정답 (B)

2

Business instructor John Chang will be offering a special seminar on business management on May 5. **He will discuss <u>effective strategies and techniques</u> for**
목적어
maximizing productivity.

비즈니스 강사 존 창 씨는 5월 5일에 기업 경영에 대한 특별한 세미나를 제공할 것입니다. 그는 생산성을 극대화하기 위한 효과적인 전략들과 기술들에 대해 논의할 것입니다.

Q1. 굵게 표시된 문장의 목적어(사람 목적어/사물 목적어)에 밑줄을 긋고 표시해 보세요.

Q2. 영어 문장 해석 순서를 생각하면서, 아래 문제를 풀어보세요.

What is the purpose of the seminar?
(A) To discuss effective ways to do business
(B) To demonstrate his communication skills

세미나의 목적은 무엇인가?
(A) 사업을 하는 효과적인 방법들을 논의하기 위해
(B) 그의 의사소통 기술들을 보여주기 위해

정답 (A)

3

Sala Furniture will expand <u>its showroom and storage</u>
                                        목적어
<u>area</u> in order to stock a larger variety of items. The
renovations will take place from December 1 to February
28, but our online store will still be operational.

살라 가구점은 더욱 다양한 상품들을 재고로 갖추기 위해 자사의 쇼룸과 창고 면적을 확장할 것입니다. 보수 공사는 12월 1일부터 2월 28일까지 일어날 것이지만, 저희 온라인 매장은 여전히 운영 중일 것입니다.

Q1. 굵게 표시된 문장의 목적어(사람 목적어/사물 목적어)에 밑줄을 긋고 표시해 보세요.

Q2. 영어 문장 해석 순서를 생각하면서, 아래 문제를 풀어보세요.

What does Sala Furniture plan to do?
(A) It will launch a Web site.
(B) It will remodel its store.

살라 가구점은 무엇을 할 계획인가?
(A) 웹 사이트를 출시할 것이다.
(B) 자사의 매장을 개조할 것이다.

정답 (B)

4

Moderate sunshine can have <u>numerous benefits</u> on
                                        목적어
humans, both physically and psychologically. It can
strengthen bones and potentially inhibit the growth of some
cancers. It also reduces mood disorders such as seasonal
affective disorder.

적당한 햇빛은 인간에 신체적으로 그리고 정신적으로 모두 수많은 이점을 가질 수 있다. 그것은 뼈를 강화시킬 수 있고, 잠재적으로 일부 종양들의 성장을 저지시킬 수 있다. 그것은 또한 계절성 정서 장애와 같은 기분 장애를 약하게 한다.

Q1. 굵게 표시된 문장의 목적어(사람 목적어/사물 목적어)에 밑줄을 긋고 표시해 보세요.

Q2. 영어 문장 해석 순서를 생각하면서, 아래 문제를 풀어보세요.

What is the main topic of the passage?
(A) Sunlight will cause harm to our skin.
(B) Sunshine can help our body and mind.

지문의 주제는 무엇인가?
(A) 햇빛은 우리 피부에 해를 끼칠 것이다.
(B) 햇빛은 우리의 몸과 정신에 도움이 될 수 있다.

정답 (B)

❶

Effective today, we would like to inform all employees that **each of you will be <u>responsible</u> for cleaning the staff break room.** 보어 A schedule will be put up at 8:30 A.M. each Monday, so you should check it before you begin work.

오늘부터, 저희는 모든 직원들에게 각 직원들이 직원 휴게실을 청소할 책임을 지게 될 것이라는 것을 알려 드리고자 합니다. 일정표가 매주 월요일 오전 8시 30분에 게시될 것이므로, 여러분은 일을 시작하기 전에 이 것을 확인하셔야 합니다.

Q1. 굵게 표시된 문장의 보어에 밑줄을 긋고 표시해 보세요.

Q2. 영어 문장 해석 순서를 생각하면서, 아래 문제를 풀어보세요.

What is the purpose of the memo?
(A) To announce a new policy
(B) To advertise a cleaning product

회람의 목적은 무엇인가?
(A) 새로운 정책을 알리기 위해
(B) 청소용품을 광고하기 위해

정답 (A)

❷

Mayan Insurance can make plans <u>tailored</u> for you. 보어 If you are not at risk of certain natural disasters, you do not have to include those options in your plan, unlike many of our competitors. For more information, check out www. mayaninsurance.com.

메이안 보험사가 귀하를 위해 계획을 맞춤형으로 만들어 드립니다. 귀하께서 특정한 자연재해에 대해 위험한 상태가 아니라면, 귀하께서는 저희의 많은 경쟁업체들과 달리, 귀하의 계획에 그러한 선택권들을 포함시키지 않으셔도 됩니다. 더 많은 정보를 위해, www.mayaninsurance.com을 확인해보세요.

Q1. 굵게 표시된 문장의 보어에 밑줄을 긋고 표시해 보세요.

Q2. 영어 문장 해석 순서를 생각하면서, 아래 문제를 풀어보세요.

Which is correct about Mayan Insurance?
(A) Its coverage is the largest in the region.
(B) It allows for customers to select each coverage.

메이안 보험사에 관해 옳은 것은?
(A) 지역에서 보장 범위가 가장 크다.
(B) 고객들이 각 보장 범위를 선택할 수 있게 해준다.

정답 (B)

❸

I wanted to thank you for taking the time to show me the facility yesterday. It looks good for our company's new location. The size is perfect, and **the location is very convenient for highway access.** However, I have a couple of quick questions about the property.

보어

어제 저에게 그 시설을 보여주실 시간을 내주셔서 감사드리고 싶었습니다. 그곳은 저희 회사의 새로운 위치로 좋아 보입니다. 규모도 완벽하며, 위치가 고속도로 이용에 아주 편리합니다. 하지만, 그 건물에 대해 빠르게 여쭤볼 두어 가지 질문들이 있습니다.

Q1. 굵게 표시된 문장의 보어에 밑줄을 긋고 표시해 보세요.

Q2. 영어 문장 해석 순서를 생각하면서, 아래 문제를 풀어보세요.

What is true about the facility?
(A) It has underground parking.
(B) It is not far from the highway.

그 시설에 대해 사실인 것은 무엇인가?
(A) 지하 주차장을 가지고 있다.
(B) 고속도로에서 멀리 떨어져 있지 않다.

정답 (B)

---

❹

Rising sea levels may be a problem for food production because land would become covered with sea water. So, researchers previously tried to develop carrots that can grow in salty soil. **However, at the moment, the most exciting development has been the growth of potatoes.**

보어

증가하는 해수면은 땅이 바닷물로 뒤덮이게 되기 때문에 식량 생산에 대한 문제가 될 수 있다. 그래서, 연구자들은 이전에 염분이 있는 토양에서 자랄 수 있는 당근을 개발하려고 노력했다. 하지만, 현재, 가장 흥미로운 발전은 감자의 성장이다.

Q1. 굵게 표시된 문장의 보어에 밑줄을 긋고 표시해 보세요.

Q2. 영어 문장 해석 순서를 생각하면서, 아래 문제를 풀어보세요.

What vegetable is currently being researched?
(A) Carrots
(B) Potatoes

현재 어떤 채소가 연구되고 있는가?
(A) 당근
(B) 감자

정답 (B)

1

To stay on schedule requires the efforts of every staff
　　　주어　　　　　동사
member for the success of our project. Therefore, please
actively cooperate with each other. Your dedication to meet
the deadline will help make our project successful.

우리 프로젝트의 성공을 위해 일정을 맞추는 것은 모든 직원분들의 노력을 필요로 합니다. 그러므로, 서로 적극적으로 협조해 주십시오. 마감일을 맞추려는 여러분의 헌신이 우리 프로젝트를 성공적으로 만드는 것을 도와줄 것입니다.

Q1. 굵게 표시된 문장의 주어를 찾아 해석해 보세요.

　• 주어: 일정을 맞추는 것은

Q2. 영어 문장 해석 순서를 생각하면서, 아래 문제를 풀어보세요.

왜 마감일을 맞추는 것이 중요한가?
(A) 프로젝트 성공을 위해
(B) 효과적인 의사소통을 위해

Why is meeting the deadline important?
(A) For project success
(B) For effective communication

정답 (A)

2

Atraxo Chemicals has finalized its acquisition of Tirion
Corporation, and work on the manufacturing plant will
restart immediately. **"Filling job vacancies will begin in**
　　　　　　　　　　　　주어　　　　　　　동사
August before we are fully operational," stated Amy
Jacky, a spokeswoman for Atraxo.

애트라소 케미칼 사는 티리온 사의 인수를 마무리지었고, 제조 공장에 대한 작업은 즉시 다시 시작될 것입니다. "일자리 공석을 채우는 것은 우리가 제대로 운영하기 전인 8월에 시작될 것입니다."라고 애트라소의 대변인인 에이미 재키 씨가 말했습니다.

Q1. 굵게 표시된 문장의 주어를 찾아 해석해 보세요.

　• 주어: 일자리 공석을 채우는 것은

Q2. 영어 문장 해석 순서를 생각하면서, 아래 문제를 풀어보세요.

8월에 무슨 일이 일어날 것인가?
(A) 회사가 근로자들을 채용하는 것을 시작할 것이다.
(B) 공장이 생산을 시작할 것이다.

What will happen in August?
(A) A company will begin recruiting workers.
(B) A factory will start production.

정답 (A)

❸

What was initially known as Comet 1847 was discovered
_{주어}   _{동사}
by Maria Mitchell, and it was eventually named "Miss

Mitchell's Comet" in her honor. She first announced her

discovery in *Silliman's Journal* in 1848 under her father's

name.

처음에 '혜성 1847'으로 알려졌던 것은 마리아 미첼에 의해 발견되었고, 결국 그녀를 기리기 위해 "미스 미첼의 혜성"이라는 이름이 붙게 되었다. 그녀는 아버지의 이름으로 1848년에 <실리만 저널>에 그녀의 발견을 처음 알렸다.

Q1. 굵게 표시된 문장의 주어를 찾아 해석해 보세요.

- 주어: 처음에 '혜성 1847'으로 알려졌던 것은

Q2. 영어 문장 해석 순서를 생각하면서, 아래 문제를 풀어보세요.

What is Maria Mitchell known for?
(A) Obtaining the first degree in astronomy
(B) Making an astronomical discovery

마리아 미첼은 무엇으로 유명한가?
(A) 천문학에서 첫 번째 학위를 얻은 것
(B) 천문학적인 발견을 한 것

정답 (B)

❹

As a staff member of the online sales division at Mina's

Boutique, you are responsible for ensuring our customers'

satisfaction. Customers expect to receive the right

products, so it is vital to avoid errors when processing
_{가짜 주어 동사}   _{진짜 주어}
online orders.

미나 부띠끄의 온라인 영업 부서의 직원으로서, 귀하께서는 저희 고객들의 만족을 보장하는 것에 대한 책임이 있습니다. 고객들은 정확한 상품을 받는 것을 기대하고 있으므로, 온라인 주문을 처리하실 때 오류를 피하는 것이 중요합니다.

Q1. 굵게 표시된 문장의 주어를 찾아 해석해 보세요.

- 주어: 오류를 피하는 것이

Q2. 영어 문장 해석 순서를 생각하면서, 아래 문제를 풀어보세요.

What is the announcement mainly about?
(A) The importance of dealing with orders correctly
(B) How online feedback measures customer satisfaction

공지는 주로 무엇에 관한 것인가?
(A) 주문을 올바르게 처리하는 것의 중요성
(B) 온라인 피드백이 고객 만족을 측정하는 법

정답 (A)

문장 요소 해석하기 ② 긴 목적어

1

Most of our security experts have suggested updating our Web site. However, **we are avoiding using extra budget for this quarter,** so we will have to postpone the improvements.

동사   목적어

저희의 보안 전문가들 중 대부분이 저희의 웹 사이트를 업데이트하는 것을 제안해왔습니다. 하지만, 저희는 이번 분기에 추가 예산을 사용하는 것을 피하고 있으므로 이 개선을 연기해야 할 것입니다.

Q1. 굵게 표시된 문장의 목적어를 찾아 해석해 보세요.

- 목적어: 추가 예산을 사용하는 것을

Q2. 영어 문장 해석 순서를 생각하면서, 아래 문제를 풀어보세요.

Why was the update of the Web site delayed?
(A) Because of a staff shortage
(B) Because of budget limitations

왜 웹 사이트의 업데이트가 연기되었는가?
(A) 직원 부족 때문에
(B) 예산 제한 때문에

정답 (B)

2

Topics of conversations don't need to be complicated. The key is to have a relaxing conversation that is not dull. **You should try to talk about simple and pleasant topics that most people enjoy, such as family, experiences, and dreams.**

동사   목적어

대화의 주제들은 복잡할 필요가 없다. 핵심은 지루하지 않은 편안한 대화를 하는 것이다. 여러분은 가족, 경험들, 그리고 꿈과 같은 대부분의 사람들이 즐기는 간단하고 즐거운 주제들에 대해 이야기하는 것을 시도해 봐야 한다.

Q1. 굵게 표시된 문장의 목적어를 찾아 해석해 보세요.

- 목적어: 간단하고 즐거운 주제들에 대해 이야기하는 것을

Q2. 영어 문장 해석 순서를 생각하면서, 아래 문제를 풀어보세요.

What is the main topic of the passage?
(A) How to finish a conversation with new people
(B) How to find interesting topics of conversation

지문의 주제는 무엇인가?
(A) 새로운 사람들과의 대화를 끝내는 법
(B) 대화의 흥미로운 주제를 찾는 법

정답 (B)

3

We have been charged for a room with queen beds which we did not reserve. I assume you will cancel this part of our reservation. **However, I'm wondering what must be done**
동사   목적어
in order to remove the wrong charge from my credit card records.

저희는 저희가 예약하지 않은 퀸 사이즈 침대가 있는 객실에 대해 요금이 부과되었습니다. 저는 귀하께서 저희 예약의 이 부분을 취소해주실 것으로 생각합니다. 그러나, 제 신용카드 기록에서 이 잘못된 요금을 없애기 위해 무엇이 완료되어야 하는지를 알고 싶습니다.

Q1. 굵게 표시된 문장의 목적어를 찾아 해석해 보세요.

- 목적어: 무엇이 완료되어야 하는지를

Q2. 영어 문장 해석 순서를 생각하면서, 아래 문제를 풀어보세요.

What information does the writer request?
(A) How to obtain a refund
(B) How to extend a booking

글쓴이는 어떤 정보를 요청하는가?
(A) 환불을 받는 법
(B) 예약을 연장하는 법

정답 (A)

4

Professionally Yours is offering a set of workshops for HR managers. **Award-winning author Peter Leland will**
discuss how corporate culture affects the bottom line,
동사   목적어
and information on income tax will be presented by a local lawyer, Brown Lyons.

프로페셔널리 유어스는 인사부장님들을 위한 일련의 워크숍을 제공하고 있습니다. 상을 받은 작가 피터 리랜드 씨는 회사 문화가 최종 결산 결과에 어떻게 영향을 미치는지를 논의할 것이며, 소득세에 대한 정보는 지역 변호사인 브라운 리옹스 씨에 의해 발표될 것입니다.

Q1. 굵게 표시된 문장의 목적어를 찾아 해석해 보세요.

- 목적어: 회사 문화가 최종 결산 결과에 어떻게 영향을 미치는지를

Q2. 영어 문장 해석 순서를 생각하면서, 아래 문제를 풀어보세요.

Who has written a book?
(A) Peter Leland
(B) Brown Lyons

누가 책을 쓴 적이 있는가?
(A) 피터 리랜드
(B) 브라운 리옹스

정답 (A)

1

I am a video conferencing program developer, and I would like to invite you to be an investor. Most of the project details have been planned out, and **all I need is to raise 1,500 dollars to fulfill my goal.** If you want to hear more about the project, you can reach me anytime at 555-0101.

동사   보어

저는 화상회의 프로그램 개발자이고, 귀하를 투자자로 초대하고 싶습니다. 프로젝트 세부사항의 대부분은 세심히 계획이 세워져 있고, 제가 필요한 모든 것은 저의 목표를 성취하기 위한 1,500달러를 모금하는 것입니다. 이 프로젝트에 대해 더 많이 듣고 싶으시다면, 555-0101으로 언제든 저에게 연락이 닿으실 수 있습니다.

Q1. 굵게 표시된 문장의 보어를 찾아 해석해 보세요.

- 보어: 1,500 달러를 모금하는 것

Q2. 영어 문장 해석 순서를 생각하면서, 아래 문제를 풀어보세요.

Why was the letter sent?
(A) To ask for financial support
(B) To apply for a program developer position

편지가 왜 보내졌는가?
(A) 재정적 지원을 요청하기 위해
(B) 프로그램 개발자 직무에 지원하기 위해

정답 (A)

2

Dear Ms. Fines,

Thank you for joining the Oceanview Tenants Association.

The tenants association meets on the 10th of every month.

Thus, we encourage all members to attend these meetings to discuss neighborhood issues.

동사   목적어   보어

파인즈 씨께,
오션뷰 세입자 협회에 합류하신 것에 감사드립니다. 세입자 협회는 매달 10일에 모입니다. 그러므로, 저희는 이웃들의 사안들을 논의하기 위해 모든 회원들이 이러한 회의에 참석하는 것을 권장합니다.

Q1. 굵게 표시된 문장의 보어를 찾아 해석해 보세요.

- 보어: 이러한 회의에 참석하는 것

Q2. 영어 문장 해석 순서를 생각하면서, 아래 문제를 풀어보세요.

What is Ms. Fines asked to do?
(A) Invite guests to her apartment
(B) Participate in monthly meetings

파인즈 씨는 무엇을 하기를 요청 받는가?
(A) 그녀의 아파트에 손님들을 초대하는 것
(B) 월간 회의에 참가하는 것

정답 (B)

3

Board members discussed several issues yesterday. **The main topic was deciding what to do with the empty floor of our office building.** It was occupied by the marketing team before those employees merged with the advertising team.

<small>동사   보어</small>

이사회는 어제 몇 가지 사안들을 논의했습니다. 주요 주제는 우리의 사무실 건물의 비어 있는 층을 가지고 무엇을 할지를 결정하는 것이었습니다. 그곳은 마케팅팀 직원들이 광고팀과 합치기 전에 마케팅팀에 의해 사용되었습니다.

Q1. 굵게 표시된 문장의 보어를 찾아 해석해 보세요.

- 보어: 무엇을 할지를 결정하는 것

Q2. 영어 문장 해석 순서를 생각하면서, 아래 문제를 풀어보세요.

What does the passage mainly discuss?
(A) Uses for part of a building
(B) Ways to reduce renovation expenses

지문은 주로 무엇을 논의하는가?
(A) 한 건물의 일부에 대한 용도
(B) 보수 공사 비용을 줄이는 방법

정답 (A)

4

When you are traveling in Mexico, please contact One-to-One Tours. Our customers can enjoy private tours with a knowledgeable local guide. **Also, we advise you to make reservations for private tours at least two weeks in advance.**

<small>동사 목적어   보어</small>

귀하께서 멕시코를 여행하실 때, 원투원 투어에 연락해주십시오. 저희 고객들은 박식한 지역 가이드와 함께 개인 여행을 즐기실 수 있습니다. 또한, 저희는 귀하께서 적어도 2주 전에 미리 개인 투어에 대한 예약을 하시는 것을 권고 드립니다.

Q1. 굵게 표시된 문장의 보어를 찾아 해석해 보세요.

- 보어: 예약을 하시는 것

Q2. 영어 문장 해석 순서를 생각하면서, 아래 문제를 풀어보세요.

What does One-to-One Tours suggest customers do?
(A) Recommend the tour agency to their family
(B) Book their tour early

원투원 투어는 고객들이 무엇을 하기를 제안하는가?
(A) 투어 대행사를 가족에게 추천하는 것
(B) 일찍 투어를 예약하는 것

정답 (B)

1

Perseus Direct has partnered with more than 3,000 businesses, and **we are ready to pick up various items** 형용사 수식받는 명사 **for you and bring them to your door.** From fresh produce to exercise equipment, we can get anything to you.

페르세우스 다이렉트는 3,000개 이상의 사업체들과 제휴를 해왔고, 저희는 귀하를 위해 다양한 상품들을 찾아 귀하의 문 앞에 그것들을 가져다 드릴 준비가 되어 있습니다. 신선한 농산물부터 운동 기구까지, 저희는 귀하에게 어떤 것이든 가져다 드릴 수 있습니다.

Q1. 굵게 표시된 문장에서 형용사(분사)와 수식받는 명사를 찾아 해석해 보세요.

① 형용사(분사): 다양한

② 수식받는 명사: 상품들

Q2. 영어 문장 해석 순서를 생각하면서, 아래 문제를 풀어보세요.

What kind of business is Perseus Direct?
(A) A grocery store
(B) A delivery service

페르세우스 다이렉트는 어떤 종류의 사업체인가?
(A) 식료품점
(B) 배달 서비스

정답 (B)

2

Companies in all industries are striving to optimize their workforce. To keep their gifted employees, **they need to give workers chances to improve existing skills.** This will 분사 수식받는 명사 make workers less likely to change careers.

모든 산업에서 회사들은 그들의 인력을 최적화하기 위해 노력하고 있습니다. 그들의 재능이 있는 직원들을 유지하기 위해, 회사들은 근로자들에게 기존의 기술들을 향상시킬 기회를 주어야 할 필요가 있습니다. 이는 근로자들이 직장을 덜 바꾸게 만들 것입니다.

Q1. 굵게 표시된 문장에서 형용사(분사)와 수식받는 명사를 찾아 해석해 보세요.

① 형용사(분사): 기존의

② 수식받는 명사: 기술들

Q2. 영어 문장 해석 순서를 생각하면서, 아래 문제를 풀어보세요.

What is the main topic of the passage?
(A) Suggesting strategies to hire new employees
(B) Providing opportunities to maintain staff retention

지문의 주제는 무엇인가?
(A) 새로운 직원을 고용하는 전략들을 제시하는 것
(B) 직원 보유를 유지하는 기회들을 제공하는 것

정답 (B)

❸

Sometimes, we need to make difficult decisions in our

lives. When the time comes, you should consider all the

consequences of each decision. **And then, I recommend**

focusing on positive outcomes instead of the negatives.
　　　　　　　　　형용사　　　수식받는 명사

때때로, 우리는 삶에서 어려운 결정들을 할 필요가 있다. 그 시간이 올 때, 각 결정의 모든 결과들을 고려해야 한다. 그리고 나서, 부정적 측면 대신에 긍정적인 결과들에 집중하는 것을 추천한다.

Q1. 굵게 표시된 문장에서 형용사(분사)와 수식받는 명사를 찾아 해석해 보세요.

　① 형용사(분사): 긍정적인

　② 수식받는 명사: 결과들

Q2. 영어 문장 해석 순서를 생각하면서, 아래 문제를 풀어보세요.

　What approach is recommended?
　(A) Considering the potential negatives
　(B) Paying attention to positive outcomes

어떤 접근법이 추천되는가?
(A) 잠재적인 부정적 측면을 고려하는 것
(B) 긍정적인 결과들에 집중하는 것

정답 (B)

❹

I have enclosed a document about each department,

including an overview of the tasks that you would carry out.

Please go over the detailed descriptions so that you
　　　　　　　　　분사　　　　　수식받는 명사
can mark the department you prefer.

귀하께서 수행할 업무들의 개요를 포함한 각 부서에 대한 서류를 첨부했습니다. 귀하께서 선호하는 부서에 표시할 수 있도록 이 자세히 설명된 설명서들을 검토하시기 바랍니다.

Q1. 굵게 표시된 문장에서 형용사(분사)와 수식받는 명사를 찾아 해석해 보세요.

　① 형용사(분사): 자세히 설명된

　② 수식받는 명사: 설명서들

Q2. 영어 문장 해석 순서를 생각하면서, 아래 문제를 풀어보세요.

　What is the recipient of the letter asked to review?
　(A) A document listing different duties
　(B) An overview of the hiring procedure

이 편지의 수령인은 무엇을 검토하도록 요구되는가?
(A) 다른 직무들을 목록화한 서류
(B) 고용 절차의 개요

정답 (A)

Unit 08 짧은 수식어 해석하기 ② 부사

❶

All confidential documents must be properly sealed
수식받는 동사　부사　수식받는 동사
before you send them to the headquarters. Make sure
that you place the documents in an appropriate packaging.
After that, you should call the designated courier.

모든 기밀 서류들은 당신이 본사로 그것들을 보내기 전에 제대로 밀봉되어야 합니다. 서류를 적절한 포장물에 넣었는지를 확실히 하십시오. 그 후, 지정된 택배 회사에 전화하셔야 합니다.

Q1. 굵게 표시된 문장에서 부사와 수식받는 동사(형용사)를 찾아 해석해 보세요.

① 부사: 제대로

② 수식받는 동사(형용사): 밀봉되어야 한다

Q2. 영어 문장 해석 순서를 생각하면서, 아래 문제를 풀어보세요.

What should be done before sending the documents?
(A) Make a copy of the documents
(B) Seal the documents securely

서류들을 보내기 전에 무엇이 완료되어야 하는가?
(A) 서류들의 사본을 만드는 것
(B) 서류들을 안전하게 밀봉하는 것

정답 (B)

❷

Many people show clear signs of a problem before they
take their own lives. **What's noteworthy is that medical
intervention is fairly effective.** So, if you see any signs,
　　　　　　　　부사　수식받는 형용사
you should contact a medical professional immediately.

많은 사람들은 그들이 자살하기 전에 문제의 분명한 징후를 보여준다. 주목할 만한 것은 의료적 개입이 상당히 효과적이라는 것이다. 그래서, 만약 당신이 어떤 징후든지 본다면, 전문 의료진에게 즉시 연락해야 한다.

Q1. 굵게 표시된 문장에서 부사와 수식받는 동사(형용사)를 찾아 해석해 보세요.

① 부사: 상당히

② 수식받는 동사(형용사): 효과적인

Q2. 영어 문장 해석 순서를 생각하면서, 아래 문제를 풀어보세요.

What is the main idea of the passage?
(A) Medical treatment doesn't help in preventing suicides.
(B) Suicide can be prevented with medical intervention.

지문의 주제는 무엇인가?
(A) 의학적 치료는 자살을 막는 데 도움이 되지 않는다.
(B) 자살은 의료적 개입으로 예방될 수 있다.

정답 (B)

❸

The ancient Olympic Games were festivals held religiously every four years in Olympia, Greece. The Olympic Games were successful until 5 BC, **but gradually lost importance**
부사　　　　수식받는 동사
after the Romans conquered Greece.

고대 올림픽 대회는 그리스의 올림피아에서 4년마다 종교적으로 개최되는 축제였다. 올림픽 대회는 기원전 5세기까지 성공적이었지만, 로마가 그리스를 정복한 이후로 점차 중요성을 잃었다.

Q1. 굵게 표시된 문장에서 부사와 수식받는 동사(형용사)를 찾아 해석해 보세요.

　① 부사: 점차

　② 수식받는 동사(형용사): 잃었다

Q2. 영어 문장 해석 순서를 생각하면서, 아래 문제를 풀어보세요.

　What made the ancient Olympics become unpopular?
　(A) The introduction of new sports
　(B) The conquest of Greece by the Romans

고대 올림픽을 인기 없게 만든 것은 무엇인가?
(A) 새로운 스포츠의 도입
(B) 로마에 의한 그리스 정복

정답 (B)

❹

The city council approved a proposal to widen a frequently congested road by Interstate 63. As such,
부사　　　　수식받는 형용사
work on Dorris Road is set to start next month. Mayor James advises drivers to take detours to reduce traffic.

시 의회는 63번 주간 고속도로 옆에 위치한 자주 정체되는 도로를 넓히기 위한 제안을 승인했다. 이에 따라, 도리스 로드에 대한 작업이 다음 달에 시작될 것으로 예정되어 있다. 제임스 시장은 운전자들에게 교통량을 감소시키기 위해 우회로를 이용할 것을 권고한다.

Q1. 굵게 표시된 문장에서 부사와 수식받는 동사(형용사)를 찾아 해석해 보세요.

　① 부사: 자주

　② 수식받는 동사(형용사): 정체되는

Q2. 영어 문장 해석 순서를 생각하면서, 아래 문제를 풀어보세요.

　What is the purpose of the article?
　(A) To explain a plan for improvements
　(B) To take a poll on residents' opinions

기사의 목적은 무엇인가?
(A) 개선을 위한 계획을 설명하기 위해
(B) 주민들의 의견에 대한 투표를 시행하기 위해

정답 (A)

1

We are delighted to introduce our plan to start
_{수식받는 명사   형용사구(to부정사구)}
publishing a weekly magazine, *Toronto Buzz.* It will

feature concert listings, interviews with local musicians,

and reviews written by in-house writers.

저희는 <토론토 버즈>라는 주간 잡지를 출간하는 것을 시작한다는 저희의 계획을 소개하게 되어 기쁩니다. 그것은 콘서트 목록, 지역 음악가들과의 인터뷰, 그리고 내부 작가들에 의해 쓰여진 후기들을 특징으로 할 것입니다.

Q1. 굵게 표시된 문장에서 수식어구와 수식받는 명사를 찾아 해석해 보세요.

① 수식어구: 주간 잡지를 출간하는 것을 시작한다는

② 수식받는 명사: 저희의 계획

Q2. 영어 문장 해석 순서를 생각하면서, 아래 문제를 풀어보세요.

What is the purpose of the letter?
(A) To describe a new publication
(B) To announce a subscription fee increase

편지의 목적은 무엇인가?
(A) 새로운 출판물을 설명하기 위해
(B) 구독료 인상을 알리기 위해

정답 (A)

2

I was informed by the Century Art Cinema that Auditorium

A cannot be used. **As it is being renovated due to a fire**
_{수식받는 명사}
caused by an electrical fault, they proposed that we
_{형용사구(분사구)}
move the festival to Auditorium B.

저는 센츄리 아트 시네마로부터 대강당 A를 사용할 수 없을 것이라는 것을 전달 받았습니다. 그것이 전기 고장으로 초래된 화재로 인해 수리되고 있기 때문에, 그들은 행사를 대강당 B로 이동할 것을 제안했습니다.

Q1. 굵게 표시된 문장에서 수식어구와 수식받는 명사를 찾아 해석해 보세요.

① 수식어구: 전기 고장으로 초래된

② 수식받는 명사: 화재

Q2. 영어 문장 해석 순서를 생각하면서, 아래 문제를 풀어보세요.

Why is Auditorium A an unsuitable venue?
(A) Because it is too expensive
(B) Because it is closed for repairs

대강당 A는 왜 적절하지 않은 행사 장소인가?
(A) 너무 비싸기 때문에
(B) 수리를 위해 폐쇄되었기 때문에

정답 (B)

3

MK Groceries will initiate a promotion event offering incentives to new customers. **Those joining their** 수식받는 명사 / 형용사구(분사구) **membership program will receive points worth 10 percent of each purchase for a month.** After reaching 1,000 points, customers can pay by using their points.

MK 식료품점은 새로운 고객들에게 장려금을 제공하는 판촉행사를 개시할 것입니다. 멤버십 프로그램에 가입하는 사람들은 한 달 동안 각 구매의 10퍼센트 어치의 포인트를 받을 것입니다. 1,000포인트에 도달한 후에, 고객들은 포인트를 사용함으로써 결제하실 수 있습니다.

Q1. 굵게 표시된 문장에서 수식어구와 수식받는 명사를 찾아 해석해 보세요.

① 수식어구: 멤버십 프로그램에 가입하는

② 수식받는 명사: 사람들

Q2. 영어 문장 해석 순서를 생각하면서, 아래 문제를 풀어보세요.

What will new customers be given during the event?
(A) Gift certificates
(B) Store credit

행사 동안 새로운 고객들은 무엇을 받을 것인가?
(A) 상품권
(B) 매장 포인트

정답 (B)

4

I am particularly interested in your company as I have recently moved to an area where Global Transit conducts a great deal of business. **I have attached my detailed job** 수식받는 명사 **history information with several letters of reference.** 형용사구(전치사구) Please consider me for the advertised position.

최근에 글로벌 트랜짓 사가 많은 사업을 수행하는 지역으로 이사했기 때문에 저는 귀하의 회사에 특히 관심이 있습니다. 저는 여러 추천서와 함께 자세히 설명된 저의 직장 이력 정보를 첨부하였습니다. 저를 광고된 직무에 고려해주시길 바랍니다.

Q1. 굵게 표시된 문장에서 수식어구와 수식받는 명사를 찾아 해석해 보세요.

① 수식어구: 여러 추천서와 함께

② 수식받는 명사: 자세히 설명된 저의 직장 이력 정보

Q2. 영어 문장 해석 순서를 생각하면서, 아래 문제를 풀어보세요.

What is included in the e-mail?
(A) Recommendation letters
(B) A business card

이메일에 포함된 것은 무엇인가?
(A) 추천서
(B) 명함

정답 (A)

중간 수식어 해석하기 ② 부사구

1

President Campbell was reelected to serve another four years in office. **He emphasized that we need to address**
수식받는 문장
the climate crisis in his speech. He pledged to approve
부사구(전치사구)
legislation aimed at carbon reduction.

캠벨 대통령은 재선되어 정권을 가지고 또 다른 4년을 역임하게 되었다. 그는 그의 연설에서 우리가 기후위기를 다룰 필요가 있다고 강조했다. 그는 탄소 감소를 목표로 하는 법안을 승인할 것을 공약했다.

Q1. 굵게 표시된 문장에서 수식어구와 수식받는 문장을 찾아 해석해 보세요.

① 수식어구: 그의 연설에서

② 수식받는 문장: 그는 우리가 기후위기를 다룰 필요가 있다고 강조했다

Q2. 영어 문장 해석 순서를 생각하면서, 아래 문제를 풀어보세요.

What was President Campbell's main focus in his speech?
(A) Environmental issues
(B) Economic growth

캠벨 대통령의 연설에서 주된 초점은 무엇이었는가?
(A) 환경 문제
(B) 경제 성장

정답 (A)

2

Portal Scotland compiles employment opportunity
수식받는 문장
listings every month to assist recent college graduates
부사구(to부정사구)
in starting their careers. Become a member and you can log in to view our job board.

포탈 스코틀랜드는 직장 생활을 시작하는 최근 대학 졸업생들을 돕기 위해 매달 채용 기회 목록을 모으고 있습니다. 회원이 되시면, 저희 일자리 게시판을 보기 위해 로그인하실 수 있습니다.

Q1. 굵게 표시된 문장에서 수식어구와 수식받는 문장을 찾아 해석해 보세요.

① 수식어구: 직장 생활을 시작하는 최근 대학 졸업생들을 돕기 위해

② 수식받는 문장: 포탈 스코틀랜드는 매달 채용 기회 목록을 모으고 있습니다

Q2. 영어 문장 해석 순서를 생각하면서, 아래 문제를 풀어보세요.

For whom is the Web page mainly intended?
(A) Recruiters
(B) Job seekers

이 웹 페이지는 주로 누구를 위해 의도되었는가?
(A) 채용자
(B) 구직자

정답 (B)

3

Tamiya Electronics is holding an industry event on April 15 to mark the release of its new smartphone. **As a token of appreciation,** 부사구(전치사구) **they have given us 15 guest passes for the event.** 수식받는 문장 If you would like one, please inform Mr. Park.

타미야 전자는 4월 15일에 새로운 스마트폰의 출시를 기념하기 위해 업계 행사를 개최할 것입니다. 감사의 표시로, 타미야 전자는 그 행사에 대한 15장의 초대권을 저희에게 주었습니다. 초대권을 원하신다면, 박 씨에게 알려주시기 바랍니다.

Q1. 굵게 표시된 문장에서 수식어구와 수식받는 문장을 찾아 해석해 보세요.

① 수식어구: 감사의 표시로

② 수식받는 문장: 타미야 전자는 그 행사에 대한 15장의 초대권을 저희에게 주었습니다

Q2. 영어 문장 해석 순서를 생각하면서, 아래 문제를 풀어보세요.

What was offered by Tamiya Electronics?
(A) New smartphones
(B) Event tickets

타미야 전자에 의해 제공된 것은 무엇인가?
(A) 새 스마트폰
(B) 행사 입장권

정답 (B)

4

To relocate overseas and change your life, 부사구(to부정사구) **consider the following things.** 수식받는 문장 First, double-check the visa requirements for your destination country. Then, plan out your first few months of living there. Lastly, make sure to bring all necessary documents.

해외로 이주하고, 당신의 삶을 변화시키기 위해서, 다음의 것들을 고려하세요. 첫째로, 당신의 목적지 국가에 대한 비자 요구사항을 이중 확인하세요. 그리고 나서, 그곳에서 살 첫 몇 달 간의 계획을 세심히 세우세요. 마지막으로, 필수적인 서류들을 가져오는 것을 확실히 하세요.

Q1. 굵게 표시된 문장에서 수식어구와 수식받는 문장을 찾아 해석해 보세요.

① 수식어구: 해외로 이주하고, 당신의 삶을 변화시키기 위해서

② 수식받는 문장: 다음의 것들을 고려하세요

Q2. 영어 문장 해석 순서를 생각하면서, 아래 문제를 풀어보세요.

What is the passage mainly about?
(A) The considerations of moving abroad
(B) The problems faced in foreign countries

지문은 주로 무엇에 관한 것인가?
(A) 해외로 이동하는 것의 고려사항
(B) 외국에서 직면하는 문제들

정답 (A)

1

Happiness reduces stress, enhances creativity, and even prolongs one's lifespan. **However, there are some people** (수식받는 명사) **who tend to avoid happiness.** They refuse to participate (형용사절) in any experience that evokes happiness.

행복은 스트레스를 감소시키고, 창의력을 강화하며, 심지어 사람의 수명을 연장시킨다. 그러나, 행복을 피하는 경향이 있는 몇몇의 사람들이 있다. 그들은 행복을 유발하는 어떠한 경험에 참가하는 것을 거부한다.

Q1. 굵게 표시된 문장에서 수식하는 절과 수식받는 명사를 찾아 해석해 보세요.

    ① 수식하는 절: 행복을 피하는 경향이 있는

    ② 수식받는 명사: 몇몇의 사람들

Q2. 영어 문장 해석 순서를 생각하면서, 아래 문제를 풀어보세요.

> What is the main idea of the article?
> (A) Happiness can be harmful.
> (B) Some people refrain from being happy.

기사의 주제는 무엇인가?
(A) 행복은 해로울 수 있다.
(B) 몇몇 사람들은 행복해하는 것을 자제한다.

정답 (B)

2

The Royal Hospital, which is based in Doha, Qatar, (수식받는 명사) (형용사절) **officially unveiled Abdul Rahmann as the new director.**

"Having learned so much in my home country of Kuwait, I'm excited to begin a new journey here in Qatar," said Mr. Rahmann.

카타르 도하에 기반을 둔 로열 병원은 공식적으로 압둘 라만 씨를 신임 이사로 발표했다. "저의 고국인 쿠웨이트에서 정말 많이 배우고 나서, 여기 카타르에서 새로운 여정을 시작하는 것에 흥미를 느끼고 있습니다."라고 라만 씨가 말했다.

Q1. 굵게 표시된 문장에서 수식하는 절과 수식받는 명사를 찾아 해석해 보세요.

    ① 수식하는 절: 카타르 도하에 기반을 둔

    ② 수식받는 명사: 로열 병원

Q2. 영어 문장 해석 순서를 생각하면서, 아래 문제를 풀어보세요.

> Where is the Royal Hospital located?
> (A) In Kuwait
> (B) In Qatar

로열 병원은 어디에 위치해 있는가?
(A) 쿠웨이트
(B) 카타르

정답 (B)

❸

LifeStraw is a portable water filter that dispenses clean
　　　　　　　수식받는 명사　　　　　　　　　　형용사절
drinking water without using chemicals. Its filtration

system can purify 10 liters of water, and its compact design

is convenient for outdoor activities. It is the most advanced

personal water filter available today.

Q1. 굵게 표시된 문장에서 수식하는 절과 수식받는 명사를 찾아 해석해 보세요.

　　① 수식하는 절: 화학약품을 사용하지 않고 깨끗한 식수를 제공하는

　　② 수식받는 명사: 휴대용 정수 필터

Q2. 영어 문장 해석 순서를 생각하면서, 아래 문제를 풀어보세요.

　What is the most distinguishing feature of LifeStraw?
　(A) It uses advanced chemical filtration methods.
　(B) It does not utilize any chemicals.

정답 (B)

라이프스트로우는 화학약품을 사용하지 않고 깨끗한 식수를 제공하는 휴대용 정수 필터이다. 그 필터 시스템은 10리터의 물을 정화시킬 수 있고, 소형 디자인은 야외 활동에 편리하다. 그것은 현재 이용할 수 있는 가장 발전된 개인용 정수 필터이다.

라이프스트로우의 가장 특색 있는 특징은 무엇인가?
(A) 발전된 화학 정화 방법을 사용한다.
(B) 화학약품을 이용하지 않는다.

❹

We are delighted to introduce our latest play: *Memories*.

All Lothian Theater members whose membership
　　수식받는 명사　　　　　　　　　　형용사절
payments are up to date can attend the opening night

for free. If you are unsure of your payment status, log in to

our Web site.

Q1. 굵게 표시된 문장에서 수식하는 절과 수식받는 명사를 찾아 해석해 보세요.

　　① 수식하는 절: 회비 납부 상태가 최신으로 되어 있는

　　② 수식받는 명사: 모든 로디언 극단 회원들

Q2. 영어 문장 해석 순서를 생각하면서, 아래 문제를 풀어보세요.

　What is the purpose of the letter?
　(A) To attract new members to a theater
　(B) To extend an invitation to a new play

정답 (B)

저희의 최신 연극 작품인 <추억>을 소개해 드리게 되어 기쁩니다. 회비 납부 상태가 최신으로 되어 있는 모든 로디언 극단 회원들은 개막일 밤에 무료로 참석하실 수 있습니다. 귀하의 납부 상태가 확실치 않은 경우, 저희 웹 사이트에 로그인하시기 바랍니다.

편지의 목적은 무엇인가?
(A) 극장에 새로운 회원들을 끌어들이는 것
(B) 새로운 연극에 초대하는 것

1

Ever since Fred read an article about rare bird species, he has been fascinated by birds. **He even saved up his pocket money to buy a pair of binoculars** 수식받는 문장 **so that he can enjoy birdwatching when visiting the park.** 부사절

프레드가 희귀한 종의 새에 대한 기사를 읽은 이후로 줄곧, 그는 새에 매료되었다. 그는 그가 공원을 방문할 때 새를 관찰하는 것을 즐길 수 있도록 쌍안경 한 짝을 사기 위해 심지어 용돈을 모았다.

Q1. 굵게 표시된 문장에서 수식하는 절과 수식받는 문장을 찾아 해석해 보세요.

① 수식하는 절: 그가 공원을 방문할 때 새를 관찰하는 것을 즐길 수 있도록

② 수식받는 문장: 그는 쌍안경 한 짝을 사기 위해 심지어 용돈을 모았다

Q2. 영어 문장 해석 순서를 생각하면서, 아래 문제를 풀어보세요.

What is Fred going to do when he visits the local park?
(A) Observe birds
(B) Purchase a tool

프레드가 지역 공원을 방문할 때 무엇을 하려고 하는가?
(A) 새를 관찰하는 것
(B) 도구를 사는 것

정답 (A)

2

NASA's Apollo 11 moon shot evoked innovation, like the creation of Digital Twins, which dynamically model physical systems. **Digital twins are now being used as strategic tools** 수식받는 문장 **as leaders aim to meet business goals.** 부사절

나사의 아폴로 11호 달 탐측선 발사는 동적으로 물리적 체계의 모형을 만드는 '디지털 트윈'의 창조와 같은 혁신을 유발했다. 지도자들이 사업 목표를 달성하는 것을 목표로 하기 때문에 '디지털 트윈'은 이제 전략적인 도구로 사용되고 있다.

Q1. 굵게 표시된 문장에서 수식하는 절과 수식받는 문장을 찾아 해석해 보세요.

① 수식하는 절: 지도자들이 사업 목표를 달성하는 것을 목표로 하기 때문에

② 수식받는 문장: '디지털 트윈'은 이제 전략적인 도구로 사용되고 있다

Q2. 영어 문장 해석 순서를 생각하면서, 아래 문제를 풀어보세요.

What is the title of the passage?
(A) Digital Twins: Diverse applications
(B) The footprint of innovative astronauts

지문의 제목은 무엇인가?
(A) 디지털 트윈: 다양한 적용들
(B) 혁신적인 우주 비행사들의 발자취

정답 (A)

❸

Although the board of directors didn't favor a new
부사절
product, the CEO launched it anyway. Surprisingly, the
수식받는 문장
product received highly positive responses, and sales

skyrocketed in the first week.

비록 이사회가 새로운 상품에 호의
적이지 않았지만, 대표이사는 그래도
그것을 출시했다. 놀랍게도, 그 상품
은 매우 긍정적인 반응을 받았고, 첫
주에 매출이 급등했다.

Q1. 굵게 표시된 문장에서 수식하는 절과 수식받는 문장을 찾아 해석해 보세요.

① 수식하는 절: 비록 이사회가 새로운 상품에 호의적이지 않았지만

② 수식받는 문장: 대표이사는 그래도 그것을 출시했다

Q2. 영어 문장 해석 순서를 생각하면서, 아래 문제를 풀어보세요.

How did the board of directors feel about a product?
(A) They approved of it.
(B) They disliked it.

정답 (B)

상품에 대해 이사회는 어떻게 생각했
는가?
(A) 상품을 승인했다.
(B) 상품을 싫어했다.

❹

The company found that two-thirds of workers were

dissatisfied with the lack of "in-person time" with their

team. **Plus, 40 percent of those claimed that their**
수식받는 문장
company placed too many demands on them when they
부사절
worked from home.

그 회사는 근로자의 3분의 2가 그들
의 팀과 "직접 만나는 시간" 부족에
불만족했다는 것을 알아냈다. 더욱
이, 그들 중 40퍼센트는 그들이 재택
근무를 할 때 그들의 회사가 그들에
게 너무 많은 것을 요구한다고 주장
했다.

Q1. 굵게 표시된 문장에서 수식하는 절과 수식받는 문장을 찾아 해석해 보세요.

① 수식하는 절: 그들이 재택근무를 할 때

② 수식받는 문장: 그들 중 40퍼센트는 그들의 회사가 그들에게 너무 많은 것을
요구한다고 주장했다

Q2. 영어 문장 해석 순서를 생각하면서, 아래 문제를 풀어보세요.

What did the study find out?
(A) More workers want to work from home.
(B) Working from home is negatively affecting workers.

정답 (B)

연구는 무엇을 알아 냈는가?
(A) 더 많은 근로자들이 재택근무하
기를 원한다.
(B) 재택근무를 하는 것은 근로자들
에게 부정적으로 영향을 끼친다.

1

Your letter said that the training day will take place at Downfield Golf Course. I thought we agreed that we would look for a new location. **If you could let me know if all of this information is accurate, I will inform everyone here at this branch.**

동사 / 명사절(목적어)

귀하의 편지는 훈련일이 다운필드 골프 코스에서 열릴 것이라고 했습니다. 저는 저희가 새로운 장소를 찾는 것에 동의했다고 생각했습니다. 귀하께서 이 모든 정보가 정확한지를 저에게 알려주시면, 여기 이 지점의 모두에게 알리겠습니다.

Q1. 굵게 표시된 문장에서 명사 역할을 하는 절을 찾아 해석해 보세요.

• 명사절: 이 모든 정보가 정확한지를

Q2. 영어 문장 해석 순서를 생각하면서, 아래 문제를 풀어보세요.

What is the purpose of the letter?
(A) To announce a change
(B) To verify some details

이 편지의 목적은 무엇인가?
(A) 변경사항을 알리기 위해
(B) 몇몇의 세부사항을 확인하기 위해

정답 (B)

2

While browsing the Lazer Electronics Web site recently, I noticed that you are currently hiring for a position in your marketing team. I feel I would be an ideal candidate for the role, so I have submitted an application form along with my résumé.

동사 / 명사절(목적어)

레이저 전자 웹 사이트를 최근에 둘러보는 동안, 저는 귀하께서 현재 마케팅팀의 한 직위에 대해 채용하고 있다는 것을 알아차렸습니다. 저는 제가 그 직무에 이상적인 후보일 것이라고 생각하며, 그래서 제 이력서와 함께 지원서를 제출하였습니다.

Q1. 굵게 표시된 문장에서 명사 역할을 하는 절을 찾아 해석해 보세요.

• 명사절: 귀하께서 현재 마케팅팀의 한 직위에 대해 채용하고 있다는 것을

Q2. 영어 문장 해석 순서를 생각하면서, 아래 문제를 풀어보세요.

Why was the e-mail sent?
(A) To express interest in a job vacancy
(B) To point out an error in an advertisement

왜 이메일이 보내졌는가?
(A) 일자리 공석에 관심을 표하기 위해
(B) 광고에서 오류를 지적하기 위해

정답 (A)

3

"Hands-on" methods may be dangerous when learning science. **The main focus should be that students engage in critical thinking using "minds-on" activities.** A food fight is a hands-on activity, but it doesn't lead to significant learning.

동사 / 명사절(보어)

Q1. 굵게 표시된 문장에서 명사 역할을 하는 절을 찾아 해석해 보세요.

- 명사절: 학생들이 "집중력과 사고를 요구하는" 활동을 이용하여 비판적 사고에 참여하는 것

Q2. 영어 문장 해석 순서를 생각하면서, 아래 문제를 풀어보세요.

What is the title of the passage?
(A) The importance of "minds-on" activities
(B) "Hands-on" activities with creativity

정답 (A)

과학을 배울 때 "직접 해보는" 방법은 위험할지도 모른다. 주요한 중점은 학생들이 "집중력과 사고를 요구하는" 활동을 이용하여 비판적 사고에 참여하는 것이어야 한다. 음식을 놓고 싸우는 것은 직접 해보는 활동이지만, 그것이 중요한 학습으로 이어지지는 않는다.

지문의 제목은 무엇인가?
(A) "집중력과 사고를 요구하는" 활동의 중요성
(B) 창의력으로 "직접 해보는" 활동

4

To: Mr. Ayers / Date: August 2

I am delighted that you have agreed to lead a workshop at our upcoming conference. **The finalized schedule will be sent to you on August 8, so please check whether it will be fine for you.**

동사 / 명사절(목적어)

Q1. 굵게 표시된 문장에서 명사 역할을 하는 절을 찾아 해석해 보세요.

- 명사절: 이것이 귀하에게 괜찮을지를

Q2. 영어 문장 해석 순서를 생각하면서, 아래 문제를 풀어보세요.

When will Mr. Ayers be informed of the full schedule?
(A) On August 2
(B) On August 8

정답 (B)

수신: 에이어 씨 / 날짜: 8월 2일
귀하께서 저희의 다가오는 컨퍼런스에서 워크숍을 진행하는 것에 동의해주셔서 기쁩니다. 최종 일정은 귀하께 8월 8일에 발송될 것이므로 이것이 귀하에게 괜찮을지를 확인해주시기 바랍니다.

에이어 씨는 언제 전체 일정을 통지받을 것인가?
(A) 8월 2일에
(B) 8월 8일에

1

Beautiful holiday homes await buyers, but Spanish property is not a risk-free investment. Thus, an understanding of the property market is essential. **That's why we've created**
동사   명사절(보어)
***Spanish Property Secrets*, an e-book that will help you find your dream vacation home.**

아름다운 별장이 구매자들을 기다리고 있지만, 스페인의 부동산은 위험이 없는 투자는 아닙니다. 따라서, 부동산 시장의 이해는 필수적입니다. 그것이 저희가 귀하의 꿈의 별장을 찾는 것을 도와드릴 전자책 <스페인 부동산 비밀>을 만든 이유입니다.

Q1. 굵게 표시된 문장에서 명사 역할을 하는 절을 찾아 해석해 보세요.

- 명사절: 저희가 귀하의 꿈의 별장을 찾는 것을 도와드릴 전자책 <스페인 부동산 비밀>을 만든 이유

Q2. 영어 문장 해석 순서를 생각하면서, 아래 문제를 풀어보세요.

What is mainly being advertised?
(A) Materials for potential property investors
(B) A real estate agency for vacation homes

무엇이 주로 광고되고 있는가?
(A) 잠재적인 부동산 투자자들을 위한 자료
(B) 별장을 위한 부동산 중개업체

정답 (A)

2

In one experiment, a psychologist showed two groups of students animated underwater scenes. The Japanese mentioned objects like rocks, while the Americans focused on the fish. **Why the Japanese and the Americans referred**
명사절(주어)
to different elements was a subject of interest.
동사

한 실험에서, 한 심리학자는 두 집단의 학생들에게 동영상으로 된 수중 장면들을 보여주었다. 일본인들은 바위같은 물체를 언급한 반면에, 미국인들은 물고기에 초점을 맞췄다. 일본인들과 미국인들이 다른 요소를 참조하는 이유는 관심의 주제였다.

Q1. 굵게 표시된 문장에서 명사 역할을 하는 절을 찾아 해석해 보세요.

- 명사절: 일본인들과 미국인들이 다른 요소를 참조하는 이유는

Q2. 영어 문장 해석 순서를 생각하면서, 아래 문제를 풀어보세요.

What is correct according to the passage?
(A) Americans paid more attention to background.
(B) What students focused on may depend on their culture.

지문에 따르면 옳은 것은 무엇인가?
(A) 미국인들이 배경에 더 많은 주의를 기울인다.
(B) 학생들이 초점을 맞췄던 것은 그들의 문화에 의존할지도 모른다.

정답 (B)

❸

I was informed by your current curator that she will be leaving your museum as she is relocating to another city. The museum I currently work at can vouch for my qualifications. **Please tell me what needs to be done to**
　　　　　　　　　동사 사람 목적어　　　　명사절(사물 목적어)
officially apply for this position.

저는 귀하의 현직 큐레이터로부터 그녀가 다른 도시로 이동하기 때문에 귀하의 박물관을 떠날 것이라는 것을 알게 되었습니다. 제가 현재 일하는 박물관이 저의 자격사항들을 보장해 줄 수 있습니다. 이 직위에 공식적으로 지원하기 위해 무엇이 완료되어야 하는지를 저에게 말씀해주시기 바랍니다.

Q1. 굵게 표시된 문장에서 명사 역할을 하는 절을 찾아 해석해 보세요.

　• 명사절: 이 직위에 공식적으로 지원하기 위해 무엇이 완료되어야 하는지를

Q2. 영어 문장 해석 순서를 생각하면서, 아래 문제를 풀어보세요.

Why was the e-mail sent?
(A) To inquire about a job opportunity
(B) To request information about an exhibit

왜 이메일이 발송되었는가?
(A) 일자리 기회에 대해 문의하기 위해
(B) 전시회에 대한 정보를 요청하기 위해

정답 (A)

---

❹

I am working with another company part-time, so rearranging the interview time for the afternoon will work for me. Also, I'm waiting for a copy of my engineering license. **I can bring a letter of certification as a temporary substitute, so let me know which form of the document you need.**
　　　　　동사　　　　　　　명사절(목적어)

저는 다른 회사의 시간제 근무로 일하는 중이어서, 오후로 면접 시간을 재조정하는 것이 제게 좋을 것 같습니다. 또한, 저는 저의 토목 자격증의 사본을 기다리는 중입니다. 저는 임시 대체물로 증명서를 가져갈 수 있으니, 귀하께서 어떤 유형의 서류를 필요로 하신지를 알려주시길 바랍니다.

Q1. 굵게 표시된 문장에서 명사 역할을 하는 절을 찾아 해석해 보세요.

　• 명사절: 귀하께서 어떤 유형의 서류를 필요로 하신지를

Q2. 영어 문장 해석 순서를 생각하면서, 아래 문제를 풀어보세요.

What does the writer request?
(A) Information about a type of document
(B) An application form for a position

글쓴이는 무엇을 요청하는가?
(A) 서류의 유형에 대한 정보
(B) 직위에 대한 지원서

정답 (A)

Unit 15 등위접속사 구문 해석하기

1

We are pleased to offer you a one-year contract of employment at Von Medical Supply. **The position will commence on November 1 and continue until October 31 of next year**. The position's annual salary is $42,000 and includes healthcare coverage.

구　　　　　　　등위접속사　　　　구

귀하께 본 메디컬 서플라이에서의 1년 고용 계약을 제안하게 되어 기쁩니다. 이 직위는 11월 1일에 시작하여, 내년 10월 31일까지 계속될 것입니다. 이 직위의 연봉은 42,000달러이고, 의료 보장이 포함되어 있습니다.

Q1. 굵게 표시된 문장에서 등위접속사가 연결하는 요소를 찾아 해석해 보세요.

① 연결되는 요소 1: 11월 1일에 시작할 것입니다

② 연결되는 요소 2: 내년 10월 31일까지 계속될 것입니다

Q2. 영어 문장 해석 순서를 생각하면서, 아래 문제를 풀어보세요.

When will the recipient of the letter begin working?
(A) October 31
(B) November 1

이 편지의 수령인은 언제 일하는 것을 시작할 것인가?
(A) 10월 31일
(B) 11월 1일

정답 (B)

2

Renovation work at White Cove Hotel will be ongoing until December 5. **The lobby and the front desk will remain open, but the lounge area will be closed until the work concludes**. Also, the underground lot will be off-limits.

절　　　　　　　등위접속사　　　절

화이트 코브 호텔에서의 보수 공사 작업이 12월 5일까지 계속 진행 중일 것입니다. 로비와 프론트 데스크는 개방된 상태일 것이지만, 라운지 공간은 작업이 종료될 때까지 폐쇄될 것입니다. 또한, 지하 주차장이 출입 금지일 것입니다.

Q1. 굵게 표시된 문장에서 등위접속사가 연결하는 요소를 찾아 해석해 보세요.

① 연결되는 요소 1: 로비와 프론트 데스크는 개방된 상태일 것입니다

② 연결되는 요소 2: 라운지 공간은 작업이 종료될 때까지 폐쇄될 것입니다

Q2. 영어 문장 해석 순서를 생각하면서, 아래 문제를 풀어보세요.

What is the purpose of the notice?
(A) To describe changes at a business
(B) To attract guests to a newly opened hotel

공지의 목적은 무엇인가?
(A) 사업체의 변경사항을 설명하기 위해
(B) 새롭게 개장된 호텔에 투숙객들을 끌어들이기 위해

정답 (A)

3

Ancient civilizations used various natural cooling methods to preserve food. **People often stored food in the cold water of rivers or filled storage pits with snow.** In 1913, the first domestic electric refrigerator was invented by Fred W. Wolf.

고대 문명사회는 음식을 보존하기 위해 다양한 자연 냉장 방식을 사용했다. 사람들은 종종 차가운 강물에 음식을 저장하거나, 저장용 구덩이를 눈으로 채웠다. 1913년에, 첫 가정용 전기 냉장고가 프레드 W. 울프에 의해 발명되었다.

Q1. 굵게 표시된 문장에서 등위접속사가 연결하는 요소를 찾아 해석해 보세요.

① 연결되는 요소 1: 사람들은 종종 차가운 강물에 음식을 저장했다

② 연결되는 요소 2: 저장용 구덩이를 눈으로 채웠다

Q2. 영어 문장 해석 순서를 생각하면서, 아래 문제를 풀어보세요.

What is true about ancient civilizations?
(A) People often felt sick due to spoiled food.
(B) People used several ways to keep food cold.

고대 문명사회에 대해 사실인 것은?
(A) 사람들이 상한 음식 때문에 종종 몸이 아팠다.
(B) 사람들이 음식을 차갑게 유지하기 위한 몇몇 방법들을 사용했다.

정답 (B)

4

The university offers transportation during the last week of each semester. Students must sign up in advance at the Student Union. Plus, they can buy discounted intercity bus tickets at the Union. **Tickets are non-refundable, but dates may be changed at no extra charge.**

그 대학교는 각 학기의 마지막 주에 교통편을 제공합니다. 학생들은 학생 회관에서 미리 신청해야 합니다. 더불어, 학생들은 회관에서 할인된 시외 버스표도 구매할 수 있습니다. 표는 환불 불가능하지만, 날짜는 추가 요금 없이 변경될 수 있습니다.

Q1. 굵게 표시된 문장에서 등위접속사가 연결하는 요소를 찾아 해석해 보세요.

① 연결되는 요소 1: 표는 환불 불가능합니다

② 연결되는 요소 2: 날짜는 추가 요금 없이 변경될 수 있습니다

Q2. 영어 문장 해석 순서를 생각하면서, 아래 문제를 풀어보세요.

Which of the following is correct?
(A) The shuttle services operate throughout the semester.
(B) The date of an intercity bus ticket can be altered for free.

아래 내용 중 어떤 것이 옳은가?
(A) 셔틀 서비스는 학기 동안 내내 운영된다.
(B) 시외 버스표의 날짜는 무료로 변경될 수 있다.

정답 (B)

시원스쿨 **LAB**

시원스쿨 LAB

본서 & 워크북 수록
단어 리스트 / 단어 시험지

시원스쿨 맨처음 베트남어

분서&위러수 독수/논서
단어리스트/단어 시험지

시원스쿨 만능 가배

시원스쿨 LAB

☐ wear	통 (모자 등을) 쓰다, 입다		
☐ type	통 타자를 치다		
☐ marketing	명 마케팅		
☐ manager	명 부장		
☐ employee	명 직원		
☐ receive	통 ~을 받다		
☐ close	통 ~을 폐쇄하다		
☐ issue	명 문제		
☐ meeting	명 회의		
☐ sales	명 판매		
☐ report	명 보고서		
☐ be submitted	통 (수동태) 제출되다		
☐ promise	통 ~을 약속하다		
☐ return	통 돌아오다		
☐ sometime	부 언젠가		
☐ train	통 ~을 교육시키다		
☐ flight attendant	명 승무원		

□ regularly	분	주기적으로
□ perfect	형	완벽한
□ learning	명	학습
□ own	형	자신만의
□ pace	명	속도
□ physician	명	(내과)의사
□ independence	명	독립성
□ moderate	형	적당한
□ regardless of	전	~와 상관없이
□ protective effect	명	예방 효과
□ go with	동	~와 병행하다, 함께 가다
□ raw material	명	원자재
□ economic slowdown	명	경기 둔화
□ shift	명	교대 근무
□ earn	동	~을 얻다
□ wage	명	급여
□ time off	명	휴가

영어 단어의 한글 뜻을 써보세요.

wear	
type	
marketing	
manager	
employee	
receive	
close	
issue	
meeting	
sales	
report	
be submitted	
promise	
return	
sometime	
train	
flight attendant	

installation	
enter	
sign in	
security staff	
commence	
annual salary	
ongoing	
conclude	
underground lot	
off-limits	
civilization	
domestic	
feel sick	
spoiled	
non-refundable	
at no extra charge	
alter	

✎ 영어 단어의 한글 뜻을 써보세요.

bring	regularly
original	perfect
receipt	learning
refund	own
answer	pace
sell	physician
print out	independence
under construction	moderate
park	regardless of
in cash	protective effect
release	go with
still	raw material
seek	economic slowdown
shelter	shift
attendee	earn
venue	wage
have complaints	time off

단어 리스트

영어	품사	뜻
reschedule	동	~을 재조정하다
appointment	명	예약
send	동	~을 보내다
document	명	서류
contain	동	~을 포함하다
offer	동	~을 제공하다
lend	동	~을 빌려주다
teach	동	~을 가르쳐주다
award	동	~을 수여하다
open	동	~을 열다, 개장하다
restaurant	명	식당
skill	명	기술
technician	명	기술자
repair	동	~을 수리하다
free of charge		무료로
satisfaction	명	만족
advice	명	조언

영어	품사	뜻
installation	명	설치
enter	동	~에 들어가다, 출입하다
sign in	동	서명하다
security staff	명	보안 직원
commence	동	~을 시작하다
annual salary	명	연봉
ongoing	형	계속 진행 중인
conclude	동	종료되다
underground lot		지하 주차장
off-limits	형	출입금지의
civilization	명	문명사회
domestic	형	가정용의
feel sick	동	몸이 아프다
spoiled	형	상한
non-refundable	형	환불 불가능한
at no extra charge		추가 요금 없이
alter	동	~을 변경하다

Unit 15 단어 리스트

□ bring	통 ~을 가져오다
□ original	형 원래의
□ receipt	명 영수증
□ refund	명 환불
□ answer	통 응답하다, 대답하다
□ sell	통 ~을 판매하다
□ print out	통 ~을 출력하다
□ under construction	공사 중인
□ park	통 주차하다
□ in cash	현금으로
□ release	통 ~을 출시하다
□ still	부 여전히
□ seek	통 ~을 찾다, 구하다
□ shelter	명 대피처, 피신처
□ attendee	명 참석자
□ venue	명 행사 장소
□ have complaints	통 불만사항을 받다

□ academic	형 학업적인
□ career	형 직업적인
□ goal	명 목표
□ experience	명 경험
□ hiking trail	명 하이킹 코스
□ maximize	통 ~을 극대화하다
□ productivity	명 생산성
□ storage	명 창고
□ operational	형 운영 중인
□ remodel	통 ~을 개조하다
□ numerous	형 수많은
□ benefit	명 이점, 이익
□ potentially	부 잠재적으로
□ inhibit	통 ~을 저지시키다
□ sunlight	명 햇빛
□ cause harm to	통 ~에 해를 끼치다
□ mind	명 정신

reschedule		discuss	
appointment		application	
send		await	
document		investment	
contain		understanding	
offer		materials	
lend		psychologist	
teach		refer to	
award		element	
open		depend on	
restaurant		vouch for	
skill		qualification	
technician		officially	
repair		exhibit	
free of charge		part-time	
satisfaction		certification	
advice		substitute	

✎ 영어 단어의 한글 뜻을 써보세요.

vegetarian	academic
architect	career
suit	goal
surrounding	experience
landscape	hiking trail
device	maximize
find out	productivity
leave	storage
organizer	operational
inquire	remodel
apply for	numerous
vacant position	benefit
commuter	potentially
transport	inhibit
on a daily basis	sunlight
available	cause harm to
by -ing	mind

□ novel	명 소설
□ storyline	명 줄거리
□ unoriginal	형 독창적이지 않은
□ consider	동 ~을 …라고 생각하다, 고려하다
□ success	명 성공(작)
□ remember	동 ~을 기억하다
□ scenery	명 풍경
□ clearly	부 또렷하게, 분명하게
□ become	동 ~이 되다
□ popular	형 인기 있는
□ motorist	명 운전자
□ short	형 짧은
□ powerful	형 강력한
□ writing	명 글쓰기
□ keep	동 ~하도록 하다, ~을 유지하게 하다
□ informed	형 아는
□ trend	명 트렌드, 경향

□ discuss	동 ~을 논의하다
□ application	명 어플리케이션, 응용 프로그램
□ await	동 ~을 기다리다
□ investment	명 투자
□ understanding	명 이해
□ materials	명 자료
□ psychologist	명 심리학자
□ refer to	동 ~을 참조하다
□ element	명 요소
□ depend on	동 ~에 의존하다
□ vouch for	동 ~을 보장하다
□ qualification	명 자격사항
□ officially	부 공식적으로
□ exhibit	명 전시회
□ part-time	명 시간제 근무
□ certification	명 증명
□ substitute	명 대체물

Unit 14　단어 리스트

□ vegetarian　명 채식주의자

□ architect　명 건축가

□ suit　동 ~와 어울리다

□ surrounding　형 인근의, 주위의

□ landscape　명 풍경

□ device　명 장치

□ find out　동 ~을 알아보다

□ leave　동 떠나다

□ organizer　명 기획자

□ inquire　동 ~을 문의하다

□ apply for　동 ~에 지원하다

□ vacant position　명 공석

□ commuter　명 통근자

□ transport　명 교통 수단

□ on a daily basis　매일

□ available　형 이용 가능한, 사용 가능한

□ by -ing　~함으로써

□ seem　동 ~처럼 보이다

□ find　동 ~을 …라고 생각하다

□ attractive　형 매력적인

□ everywhere　부 모든 곳에서

□ effective + 날짜　~부터

□ be responsible for　동 ~에 책임을 지다

□ put up　동 ~을 게시하다

□ announce　동 ~을 알리다

□ policy　명 정책

□ tailored　형 맞춤형의

□ at risk　위험한 상태인

□ coverage　명 보장 범위

□ take the time to do　동 ~할 시간을 내주다

□ access　명 이용, 접근

□ property　명 건물

□ previously　부 이전에

□ at the moment　현재

novel	
storyline	
unoriginal	
consider	
success	
remember	
scenery	
clearly	
become	
popular	
motorist	
short	
powerful	
writing	
keep	
informed	
trend	

indicate	
take place	
look for	
accurate	
change	
verify	
browse	
ideal	
along with	
point out	
hands-on	
engage in	
lead to	
finalized	
creativity	
check	
full	

영어 단어의 한글 뜻을 써보세요.

영어	한글 뜻	영어	한글 뜻
client		seem	
display		find	
director		attractive	
request		everywhere	
renew		effective + 날짜	
contract		be responsible for	
further		put up	
note		announce	
cancel		policy	
demand		tailored	
copy		at risk	
unacceptable		coverage	
medical		take the time to do	
determine		access	
pain medication		property	
negative		previously	
side effect		at the moment	

단어 리스트

☐ study	图 ~을 연구하다	
☐ feeding	图 먹이 섭취	
☐ habit	图 습관	
☐ mission	图 임무	
☐ goal	图 목표	
☐ critical	图 중요한	
☐ open up	图 ~을 열어주다	
☐ opportunity	图 기회	
☐ helpful	图 도움이 되는	

study	图 ~을 연구하다
☐ feeding	图 먹이 섭취
☐ habit	图 습관
☐ mission	图 임무
☐ arrive	图 도착하다
☐ early	图 일찍
☐ recommend	图 ~을 추천하다
☐ choose	图 ~을 선택하다
☐ topic	图 화제, 주제
☐ discussion	图 논의, 상의
☐ important	图 중요한
☐ exercise	图 운동하다
☐ goal	图 목표
☐ critical	图 중요한
☐ open up	图 ~을 열어주다
☐ opportunity	图 기회
☐ helpful	图 도움이 되는

☐ indicate	图 ~을 나타내다
☐ take place	图 (행사 등이) 열리다
☐ look for	图 ~을 찾다
☐ accurate	图 정확한
☐ change	图 변경사항
☐ verify	图 ~을 확인하다
☐ browse	图 ~을 둘러보다
☐ ideal	图 이상적인
☐ along with	图 ~와 함께
☐ point out	图 ~을 지적하다
☐ hands-on	图 직접 해보는
☐ engage in	图 ~에 참여하다
☐ lead to	图 ~로 이어지다
☐ finalized	图 최종의
☐ creativity	图 창의력
☐ check	图 ~을 확인하다
☐ full	图 전체의

Unit 13 단어 리스트

☐ client	圆 고객
☐ display	图 ~을 보여주다, 내보이다
☐ director	圆 책임자, 이사
☐ request	图 ~을 요청하다
☐ renew	图 ~을 갱신하다
☐ contract	圆 계약
☐ further	圈 추가적인
☐ note	图 ~에 주목하다
☐ cancel	图 ~을 취소하다
☐ demand	圆 수요
☐ copy	图 ~을 베끼다, 복사하다
☐ unacceptable	圈 용납될 수 없는
☐ medical	圈 의학의
☐ determine	图 ~을 알아내다
☐ pain medication	圆 진통제
☐ negative	圈 부정적인
☐ side effect	圆 부작용

☐ conversation	圆 대화
☐ compulsory	圈 의무적인
☐ necessary	圈 필요한, 필수적인
☐ cycling	圆 자전거 타기
☐ instead of	圂 ~ 대신에
☐ moderately	凰 적당히
☐ relieve stress	图 스트레스를 완화하다
☐ actively	凰 적극적으로
☐ cooperate	图 협조하다
☐ finalize	图 ~을 마무리 짓다
☐ acquisition	圆 인수
☐ state	图 ~을 말하다
☐ initially	凰 처음에
☐ in one's honor	~을 기리기 위해
☐ discovery	圆 발견
☐ astronomy	圆 천문학
☐ ensure	图 ~을 보장하다

study		maintenance	
feeding		carry on with	
habit		leading	
mission		role	
arrive		ever since	
early		save up	
recommend		innovation	
choose		creation	
topic		strategic	
discussion		diverse	
important		response	
exercise		skyrocket	
goal		in-person	
critical		plus	
open up		claim that	
opportunity		place demands on	
helpful		work from home	

✍ 영어 단어의 한글 뜻을 써보세요.

영어	뜻	영어	뜻
congestion		conversation	
remain		compulsory	
unless		necessary	
though		cycling	
output		instead of	
decrease		moderately	
rise		relieve stress	
be scheduled for		actively	
borrow		cooperate	
period		finalize	
permission		acquisition	
rarely		state	
count		initially	
accurately		in one's honor	
as long as		discovery	
rehabilitation		astronomy	
be able to do		ensure	

영어	품사	뜻
mayor	명	시장
build	통	~을 짓다, 건설하다
several	형	몇몇의
itinerary	명	여행 일정표
identify	통	~을 확인하다
product	명	상품
plan	통	~을 계획하다
purchase	통	~을 구매하다
stock	명	주식
avoid	통	~을 피하다
use	통	~을 사용하다
single-use	형	일회용의
container	명	용기
exhibition	명	전시회
illustrate	통	~을 보여주다
evolve	통	진화하다
government	명	정부

영어	품사	뜻
maintenance	명	시설 관리, 유지 보수
carry on with	통	~을 계속 이어 나가다
leading	형	주요한
role	명	역할
ever since	전	~한 이후로 쭉
save up	통	(돈을) 모으다
innovation	명	혁신
creation	명	창조
strategic	형	전략적인
diverse	형	다양한
response	명	반응
skyrocket	통	급등하다
in-person	형	직접 만나는
plus	부	더욱이
claim that	통	~라고 주장하다
place demands on	통	~에게 요구하다
work from home	통	재택 근무하다

Unit 12 단어 리스트

□ congestion	명 혼잡	□ decide	동 ~을 결정하다
□ remain	동 남다	□ grant	동 ~을 주다
□ unless	접 ~가 아니라면	□ funding	명 자금
□ though	접 (비록) ~지만	□ transfer	동 전근가다
□ output	명 생산량	□ predict	동 ~을 예측하다
□ decrease	동 감소하다	□ occur	동 발생하다
□ rise	동 증가하다	□ throughout	전 ~ 전역에 걸쳐
□ be scheduled for	동 ~로 예정되다	□ allowance	명 용돈
□ borrow	동 ~을 빌리다	□ budget	명 예산
□ period	명 기간	□ shortage	명 부족
□ permission	명 허가	□ limitation	명 제한
□ rarely	부 드물게	□ complicated	형 복잡한
□ count	동 ~을 세어보다	□ relaxing	형 편안한
□ accurately	부 정확하게	□ dull	형 지루한
□ as long as	접 ~하는 한	□ pleasant	형 즐거운
□ rehabilitation	명 재활	□ charge for	동 ~에 대해 요금을 부과하다
□ be able to do	동 ~할 수 있다	□ assume	동 ~을 생각하다

Unit 05 단어 리스트 19

mayor		function	
build		be in stock	
several		extensive	
itinerary		enhance	
identify		participate in	
product		evoke	
plan		unveil	
use		journey	
avoid		portable	
stock		chemicals	
purchase		compact	
single-use		personal	
container		distinguishing	
exhibition		up to date	
illustrate		be unsure of	
evolve		payment status	
government		extend an invitation	

✏️ 영어 단어의 한글 뜻을 써보세요.

영어		영어	
announce		decide	
board		grant	
candidate		funding	
ship		transfer	
inspect		predict	
install		occur	
entrance		throughout	
supervisor		allowance	
be eligible for		budget	
orbit		shortage	
remove		limitation	
stain		complicated	
various		relaxing	
method		dull	
include		pleasant	
performance		charge for	
supplier		assume	

purpose	명 목적
confirm	동 ~을 확정하다
term	명 약정 기간
responsibility	명 책임, 책무
ask A to do	동 A에게 ~하도록 요청하다
add	동 ~을 추가하다
encourage	동 ~가 …하도록 격려하다, 권장하다
passenger	명 승객
develop	동 ~을 개발하다
artificial	형 인공의
intelligence	명 지능
launch	동 ~을 출시하다
advertising	명 광고
advise	동 ~가 …하도록 권고하다
attend	동 ~에 참석하다
public hearing	명 공청회
technique	명 기술

function	명 기능
be in stock	동 입고되다
extensive	형 광범위한
enhance	동 ~을 강화하다
participate in	동 ~에 참가하다
evoke	동 ~을 불러일으키다
unveil	동 ~을 발표하다
journey	명 여정
portable	형 휴대용의
chemicals	명 화학약품
compact	형 소형의
personal	형 개인의
distinguishing	형 특색 있는
up to date	형 최신으로 되어 있는
be unsure of	동 ~이 확실치 않다
payment status	명 납부 상태
extend an invitation	동 초대하다

단어 리스트

□ announce	통 ~을 발표하다, 알리다
□ board	명 이사회, 위원회
□ candidate	명 후보자, 지원자
□ ship	통 ~을 운송하다
□ inspect	통 ~을 점검하다
□ install	통 ~을 설치하다
□ entrance	명 입구
□ supervisor	명 관리자, 상사
□ be eligible for	통 ~에 대한 자격이 있다
□ orbit	통 ~의 궤도를 돌다
□ remove	통 ~을 제거하다
□ stain	명 얼룩
□ various	형 다양한
□ method	명 방법
□ include	통 ~을 포함하다
□ performance	명 실적
□ supplier	명 공급업체

□ express	통 ~을 표현하다
□ emotion	명 감정
□ strategy	명 전략
□ utilize	통 ~을 이용하다, 활용하다
□ examine	통 ~을 검토하다
□ remind	통 ~가 …할 것을 상기시키다
□ slow down	통 속도를 늦추다
□ invite	통 ~을 초대하다
□ raise	통 ~을 모금하다
□ fulfill	통 ~을 성취하다
□ ask for	통 ~을 요청하다
□ association	명 협회
□ tenant	명 세입자
□ thus	부 그러므로
□ occupy	통 ~을 사용하다
□ knowledgeable	형 박식한
□ in advance	미리

purpose		participant		
confirm		within		
term		facilitate		
responsibility		provide		
ask A to do		despite		
add		address		
encourage		pledge to do		
passenger		aimed at		
develop		compile		
artificial		assist		
intelligence		intend		
launch		as a token of		
advertising		following		
advise		requirement		
attend		destination		
public hearing		plan out		
technique		necessary		

영어 단어의 한글 뜻을 써보세요.

due to	express
impending	emotion
postpone	strategy
outing	utilize
comfort	examine
contemporary	remind
architecture	slow down
reimagine	invite
recent	raise
notice	fulfill
urbanized	ask for
lose	association
presentation	tenant
reputation	thus
safety	occupy
recall	knowledgeable
awake	in advance

☐ carry	동	~을 취급하다
☐ expensive	형	비싼
☐ disappointing	형	실망스러운
☐ figure	명	수치
☐ hired	형	고용된
☐ afford	동	~할 여유가 있다
☐ experienced	형	경험 많은
☐ expert	명	전문가
☐ growing	형	증가하는
☐ population	명	인구
☐ contain	동	~을 포함하다
☐ detailed	형	자세히 설명된
☐ instruction	명	설명서
☐ valid	형	유효한
☐ upcoming	형	다가오는
☐ useful	형	유용한
☐ lasting	형	지속적인

☐ participant	명	참가자
☐ within	전	~이내에
☐ facilitate	동	~을 용이하게 하다, 쉽게 하다
☐ provide	동	~을 제공하다
☐ despite	전	~에도 불구하고
☐ address	동	~을 다루다
☐ pledge to do		~할 것을 약속하다
☐ aimed at		~을 목표로 하는
☐ compile	동	~을 모으다
☐ assist	동	~을 돕다
☐ intend	동	~을 의도하다
☐ as a token of		~의 표시로
☐ following	형	다음의
☐ requirement	명	요구사항
☐ destination	명	목적지
☐ plan out	동	계획을 세심히 세우다
☐ necessary	형	필수적인

Unit 10 단어 리스트

□ due to	전 ~로 인해, ~ 때문에
□ impending	형 임박한
□ postpone	동 ~을 연기하다, 미루다
□ outing	명 야유회
□ comfort	명 쾌적함
□ contemporary	형 현대의
□ architecture	명 건축
□ reimagine	동 ~을 재해석하다
□ recent	형 최근의
□ notice	동 ~을 알아채다
□ urbanized	형 도시화된
□ lose	동 ~을 잃어버리다
□ presentation	명 발표
□ reputation	명 명성
□ safety	명 안전
□ recall	동 ~을 회수하다
□ awake	형 깨어 있는

□ impression	명 인상
□ attached	형 첨부된
□ profit	명 수익
□ reasonable	형 적정한 가격의
□ cause	동 ~을 발생시키다
□ minor	형 사소한
□ pick up	동 ~을 찾아오다
□ produce	명 농산물
□ strive to do	동 ~하기 위해 노력하다
□ optimize	동 ~을 최적화하다
□ workforce	명 인력
□ retention	명 보유, 유지
□ consequence	명 결과
□ approach	명 접근법
□ carry out	동 ~을 수행하다
□ go over	동 ~을 검토하다
□ duty	명 직무

맞은 개수 ___개 / 총 34개

carry	
expensive	
disappointing	
figure	
hired	
afford	
experienced	
expert	
growing	
population	
contain	
detailed	
instruction	
valid	
upcoming	
useful	
lasting	

restore	
make an effort	
promote	
basic	
annual	
renovation	
approve	
substantial	
introduce	
publish	
feature	
subscription fee	
unsuitable	
initiate	
incentive	
gift certificate	
conduct	

영어 단어의 한글 뜻을 써보세요.

efficient		impression	
language		attached	
expose		profit	
complain		reasonable	
affect		cause	
applicant		minor	
complete		pick up	
resign		produce	
oversee		strive to do	
regional		optimize	
lifetime		workforce	
warranty		retention	
outstanding		consequence	
qualification		approach	
scholarship		carry out	
speak		go over	
concisely		duty	

Unit 08 단어 리스트

innovative	형 혁신적인
adequately	부 충분히, 적절히
handle	동 ~을 다루다
national	형 국가의
crisis	명 위기
furnished	형 가구가 비치된
ideally	부 이상적으로
recruit	동 ~을 모집하다
gradually	부 점차(적으로)
competitive	형 경쟁적인
eventually	부 결국
worldwide	형 전 세계적인
acclaim	명 찬사
water purification	명 정수
properly	부 적절하게
particular	형 특정한
extremely	부 대단히

restore	동 ~을 회복시키다
make an effort	동 노력하다
promote	동 ~을 홍보하다
basic	형 기본적인
annual	형 연례의
renovation	명 보수 공사
approve	동 ~을 승인하다
substantial	형 상당한 (액수의)
introduce	동 ~을 소개하다
publish	동 ~을 출간하다
feature	명 특집
subscription fee	명 구독료
unsuitable	형 적절하지 않은
initiate	동 ~을 개시하다
incentive	명 장려금
gift certificate	명 상품권
conduct	동 ~을 수행하다

Unit 09 단어 리스트

□ efficient	형 효율적인	
□ language	명 언어	
□ expose	동 ~을 노출시키다	
□ complain	동 불평하다	
□ affect	동 ~에 영향을 미치다	
□ applicant	명 지원자	
□ complete	동 ~을 기입하다, 완료하다	
□ resign	동 사직하다	
□ oversee	동 ~을 감독하다	
□ regional	형 지역의	
□ lifetime	명 평생의	
□ warranty	명 보증(서)	
□ outstanding	형 뛰어난	
□ qualification	명 자격 (사항)	
□ scholarship	명 장학금	
□ speak	동 말하다	
□ concisely	부 간결하게	

□ permanent	형 영구적인	
□ appreciate	동 ~을 감사하게 여기다	
□ significantly	부 상당히	
□ greatly	부 크게, 대단히	
□ atmosphere	명 대기	
□ confidential	형 기밀의	
□ seal	동 ~을 밀봉하다	
□ designated	형 지정된	
□ securely	부 안전하게	
□ noteworthy	형 주목할 만한	
□ immediately	부 즉시	
□ religiously	부 종교적으로	
□ conquer	동 ~을 정복하다	
□ widen	동 ~을 넓히다	
□ be set to do	동 ~하기로 예정되어 있다	
□ improvement	명 개선	
□ take a poll	동 투표를 시행하다	

✎ 영어 단어의 한글 뜻을 써보세요.

맞은 개수 ___개 / 총 34개

영어	한글 뜻
innovative	
adequately	
handle	
national	
crisis	
furnished	
ideally	
recruit	
gradually	
competitive	
eventually	
worldwide	
acclaim	
water purification	
properly	
particular	
extremely	

영어	한글 뜻
permanent	
appreciate	
significantly	
greatly	
atmosphere	
confidential	
seal	
designated	
securely	
noteworthy	
immediately	
religiously	
conquer	
widen	
be set to do	
improvement	
take a poll	